가까운 미래 평양

(사)남북물류포럼 칼럼집

물류로 남북을 하나로,
남북경협의 **중심**에
남북물류포럼이 있습니다.

읽어두기

1. 이 책에 실린 칼럼들은 지난 5년간 (사)남북물류포럼 홈페이지에 게재된 것 중에서 시의성 있는 것들로 엄선하였습니다.
2. 해당 칼럼의 필자는 칼럼 마지막의 괄호 속에 명기하였습니다.
3. 북한의 인명 또는 지명은 필자에 따라 북한식 또는 우리식(두음법칙)으로 표기하였습니다.

CONTENTS

권두언 ·· 08

1부　　　　　　　　　　　　　　북한법과 제도

특수자료 공개 ·· 13
신소제도 ·· 16
농산물 지원 ·· 19
5.24 조치와 정부 책임 ·· 22
베트남 모델 ·· 26
북한 시장에서 장세를 걷는다고요 ······················ 30
북한에서 세금제도가 부활할까? ························ 33
북한 투자 시 분쟁이 발생하면 ··························· 37

'담대한 구상'과 통일담론

북한의 7차 핵실험 예측이 빗나가는 이유 ········· 43

윤 정부 대북정책에 한반도 미래 비전이 있는가? ········· 48

비교하면 비로소 보이는 것들 ········· 53

'담대한 구상'과 대북한 확증편향 ········· 58

'압도적으로 우월한 전쟁'을 준비하라고? ········· 63

미국은 한국의 무엇인가? ········· 68

어떤 통일을 해야 할 것인가? ········· 73

새 정부에서 '한반도 데탕트'를 기대한다 ········· 77

동북아 지정학과 남북 ICT 교류협력 가능성 ········· 81

'담대한 계획' 실현 위해 담대한 접근 필요 ········· 87

북한 핵보유 법제화에 어떻게 대응할 것인가 ········· 90

미·중 전략경쟁과 한반도의 위기 ········· 95

윤석열 정부의 대북정책, 이산가족 상봉부터 시작하자. ········· 99

우리의 소원 ········· 102

인공지능이 바꿔놓을 남북경협 패러다임 ········· 105

3부 북한 인프라 비전

단천발전소 건설공사에 주목하는 이유 ················· 113

평양 돈주들의 아파트 투자는 성공했을까 ············· 116

김정은의 동서대운하, 배가 백두대간을 넘어갈까 ·········· 120

북한의 동서해 대운하 건설 배경과 추진전략 ············ 123

자전거 도시, 평양의 재발견 ························ 127

중동 건설특수, 남북합작의 묘수는 없을까 ············· 130

남북의 철길, 대륙으로 뻗어가는 날 ·················· 133

북한 건설인력 훈련센터를 만들자! ··················· 137

북한 대운하 건설과 평양 주택건설 ··················· 140

한반도개발기금 조성 제안 ························· 143

북한 인프라 건설 타당성 분석에 대한 남북 공동 제안 ······· 146

해금강호텔의 안타까운 최후 ······················· 150

강대국과 한반도

한반도 청색경제, 지속가능한 번영의 대안될까? ·············· 157
우크라이나 사태를 보며 무슨 생각을 하십니까? ·············· 161
동해 북한 선원과 서해 한국 공무원, 모두 살리는 방법을 찾자 ······ 165
신냉전을 대하는 북한의 자세, 그리고 나의 바람 ·············· 169
'형제적' 중국과 북한, 그리고 우리의 선택 ·············· 172
남북합의서, 그 참을 수 없는 나약함에 대하여 ·············· 176
팩스는 이제 그만, 한반도 디지털 플랫폼을 구축하자 ·············· 182
새로운 통일방안 논의에 앞서 필요한 고민들 ·············· 188
통일부는 무엇으로 존재하는가? ·············· 195
윤석열 정부는 한반도 비핵화를 포기한 것인가? ·············· 200
윤석열 정부의 '담대한 구상', 구상이 아니라 행동이 필요하다. ······ 205

5부 타산지석, 외국사례

우리가 가진 DM은 무엇일까? ··················· 213
동독지역 고속도로 그리고 드레스덴 ··················· 217
유로화 20년을 보며 생각하기 ··················· 222
북아일랜드 벨파스트에 가다. ··················· 227
백두산·금강산·대×강 맥주 ··················· 233
A lot remains to be done: 그래도 부럽다. ··················· 237
자유롭게 넘나드는 아시안하이웨이를 꿈꾸며 ··················· 242
북한, 제2의 베트남 될 수 있을까? ··················· 246

편 집 후 기 ··················· **250**

필 진 소 개 ··················· **252**

권두언

 이 책은 사단법인 남북물류포럼에서 매주 발표하는 칼럼을 모아 만들었다. 2023년 1월 현재 610여 건의 칼럼이 게재되었는데, 최근에 게재된 칼럼을 중심으로 시사성 있는 것을 모았다. 지금 우리 사회에서 통일로 가는 과정과 통일국가의 목표설정 논의는 저조한 편이고, 남북한의 현황분석은 활발하지만 객관적이고 수준 높은 자료는 그리 많지 않다. 북한의 변화를 어떻게 보아야 할지, 지금 남한 사회는 무슨 준비를 해야 할지 막막할 때도 있고, 서로 상반되는 주장에 헷갈릴 때도 있다. 그럴수록 전문가들의 의견이 소중하다.

 이 책의 집필자들은 북한 연구자로서 현업에서 활발하게 활동 중이다. 집필자들은 남북 및 좌우측의 이념 대립을 극복하면서 물류를 통해 남북교류를 활성화하자는 남북물류포럼의 취지를 실천하기 위한 방안을 찾는다. 남북문제는 보수와 진보 양 진영의 갈등이 첨예하게 대립하는 분야다. 남남갈등으로 불리는 내부 갈등을 해결하고, 이어서 우리가 추구할 국익, 통일한국의 목표에 합의해야 한다. 다음에는 그런 합의사항을 실천하기 위한 구체적 목표설정과 목표를 달성하기 위한 법제정비로 순차적으로 나아가야 한다. 이런 과정은 누군가의 주장으로 되는 것도 아니고 선험적으로 답이 정해진 것도 아니다. 이 시대를 사는 우리들이 토론하고 또 토론하면서 찾아나가야 할 일이다. 토론과정에서 전제가 되는 것은 객관적 사실과 사실이 무엇을 의미하는지를 설명하는 분석능력이다. 그런 면에서 이 책이 유익한 토론 자료가 될 것이라 자부한다. 구체적인 사안에 대해 각 분야의 전문가들이 현재의 남북관계를 분석하고, 가까운 장래를 전망하였으며, 때로는 이상적인 목표를 제시하였다. 독자들은 필자의 의견을 참고하여 각자의 생각의 폭을 확장해 나가길 바란다.

'칼럼은 생선회와 같다.'
칼럼집 역시 시의성이 있어야 한다. 이 책은 지난 3년 간 남북물류포럼 홈피에 게재된 칼럼 중에서 엄선한 것들이다. 주제별 안배를 하면서도 시의성은 물론 균형과 조화까지 이뤘다고 감히 자평한다.
목차는 1부 | 북한법과 제도, 2부 | '담대한 구상'과 통일담론, 3부 | 북한 인프라 비전, 4부 | 강대국과 한반도, 5부 | 타산지석 외국사례이다.
남북경협도 통일 담론도 결코 거창한 고담준론이 되어서는 안 된다. 이 칼럼집한 권으로 남북경협과 통일 담론, 강대국과 한반도 정세까지 단박에 섭렵할 수 있는 책, 작지만 속시원한 통찰을 담은 책이다.
'가까운 미래 평양', 이 칼럼집의 결론인 동시에 지향점이다.

마지막으로 칼럼을 기고한 필진들, 이 책을 만드는 편집과정에 적극 참여해 주신 분들에게 감사드린다. 특히 이 사업을 제안하고 이끌어주신 김영윤 회장님과 편집업무에 애쓴 박원호 기술사 그리고 실무적인 작업에 도움을 준 정유석 박사, 김지현님에게 감사드린다.

2023. 4.

필진을 대표하여 권은민

1

북한법과 제도

특수자료 공개

신소제도

농산물 지원

5.24 조치와 정부 책임

베트남 모델

북한 시장에서 장세를 걷는다고요

북한에서 세금제도가 부활할까?

북한 투자 시 분쟁이 발생하면

조선민주주의인민공화국의 국장

《조선민주주의인민공화국 사회주의헌법》 제169조는 조선민주주의인민공화국의 국장에 대해 다음과 같이 설명하고 있다.

'조선민주주의인민공화국의 국장은 《조선민주주의인민공화국》이라고 쓴 붉은 띠로 땋아올려 감은 벼 이삭의 타원형 테두리 안에 웅장한 수력 발전소가 있고 그 우에 혁명의 성산 백두산과 찬연히 빛나는 붉은 오각별이 있다.'

특수자료 공개

신문에서 북한자료에 대한 접근이 어렵다는 기사를 보았다. '과거 북한 노동신문도 온라인 열람 안 돼'라는 제목 하에, 기사목록만 공개, 열람·복사는 방문해야 가능하다고 한다. 17개 기관들에 '특수자료'라며 접근 제한 등의 소제목이 있고, 이용선 국회의원이 '북한자료관리법 제정'이 필요하다고 주장하는 내용이다.

☑ 북한자료에 접근하려면

남한에서 북한 노동신문을 보려면 통일부 북한정보센터에 직접 가야 한다. 온라인에서는 기사목록만 볼 수 있고 직접 북한자료센터에 방문해 신청해야 내용을 열람하거나 복사할 수 있다. 북한자료는 특수자료라는 이름으로 분류돼 접근이 어렵다.

1970년 '불온간행물 취급지침'으로 시작한 '특수자료 취급지침'에 따라 북한자료센터 등 특수자료 취급기관 21개소는 일반자료 8,991건, 특수자료 56,380건을 보유하고 있다. 전체 북한자료 중 특수자료

비중이 86.2%에 달한다. 북한자료에 대한 접근이 어렵다 보니 국민들의 북한자료 활용도는 현저하게 낮다. 올해부터 통일부는 북한자료센터 홈페이지를 통해 1949~2019년 노동신문 기사목록 73만 건을 공개했지만 온라인서비스로 기사내용을 볼 수 없다. 자료를 보려면, 직접 북한자료센터를 방문해야 열람과 복사를 할 수 있다. 스마트폰으로 정보검색이 가능한 이 시대에 특정신문을 보기 위해 자료실을 방문해야 한다는 것은 정보접근을 과도하게 제한하는 것이다. 소수의 북한연구자 외에 누가 자료센터를 방문할까 싶다.

☑ 북한자료 공개해야

북한자료의 접근을 막는 것이 지침이란 것은 이상하다. 우리 헌법상 보장된 언론의 자유, 정보접근권을 제한하려면 법률에 근거를 두어야 한다. 그런데 법률도 아닌 지침으로 정보접근을 제한하는 것은 법치주의 원리에 위배된다. 국가정보원법을 모법으로 하는 '특수자료 취급지침'은 지금까지 북한정보의 공개를 막는 역할을 하고 있다. 이제는 북한자료에서 특수자료라는 굴레를 벗기고, 시민이 자유롭게 활용하도록 해야 한다. 그런 과정을 거쳐 상대방에 대한 이해가 높아지면, 북한에도 남한 정보 공개를 요구할 명분이 생긴다. 독일에서 동서독 방송교류가 통일과 사회통합에서 중요한 역할을 했듯 남북한 사이에도 서로에 대한 올바른 이해가 바람직한 남북관계 형성에 필요조건이다.

특수자료라는 말부터 바꾸어야 한다. 특수자료라니 무엇이 특수하단 말이며 그 반대되는 일반자료와 무슨 차별이 있다는 것인가? 명칭부터 정상화하여 '북한자료'라 하고, 그 자료의 공개는 헌법의 일반원칙에 따라 원칙적으로 허용하여야 한다. 만일 북한자료 중 일부가 국가안보나 공공의 이익을 저해할 우려가 있다면 그런 사유는 주장하는 측에서 주장하고 입증해야 한다. 법치주의 원칙은 북한자료에도 동일하게 적용되어야 한다.

(권은민 | 2021. 11.)

신소제도

 남북한은 공통점이 많지만 차이점도 많다. 교류와 협력을 위해서는 상대방을 이해해야 한다. 이해 수준이 높을수록 교류가 원활할 것이다. 그런 차원에서 북한의 현실과 제도에 대해 관심을 가지는 것은 꼭 필요한 일이다. 나는 북한의 법과 제도를 연구한다. 특히 분쟁해결제도에 대한 관심이 많다. 사실 남한의 법제도, 특히 분쟁해결제도는 복잡하다. 일반인에게 간단히 설명하기 어렵다. 법원에서 재판하는 것이 기본이지만 사건의 종류에는 민사, 형사, 행정, 특허 등 유형이 다양하고, 법원 이외에도 중재재판소, 고충심사위원회, 행정심판위원회, 각종 분쟁조정위원회 등 여러 기관이 각자 역할을 한다.

☑ 북한의 분쟁해결제도

 북한에도 검찰소와 재판소가 있다. 재판은 2심제로 진행되는데 1심은 판사 1명과 인민참심원 2명이 재판한다. 인민참심원은 인민재판을 중시하는 사회주의 제도의 한 특성이다. 지금까지 입국한 북한이탈주민 중에는 인민참심원과 검사가 한 명씩 있는데 필자는 이들과 비공개 회의를 한 적이 있다. 대화과정에서 북한의 사법 현실을 좀 더 자세히 알게 되었으나 판결문이 공개되지 않아 학술적으로 연구하기는 어려운 현실이다. 북한의 제도 중에서 남한에는 생소한 것으로 신소제도가 있다. 신소는 자신의 억울함을 당국에 호소하는 제도로 남한의 민원제기 내지 청원과 유사하다. 북한은 신소청원법이라는 별도의 법률을 통해 신소가 제기되었을 때 처리하는 절차와 회신의무를 상세히 규정하고 있다. 신소는 일반 주민이 당국에 대해서, 더 나아가 최고 지도자에게 자신의 억울함을 호소하는 장치로 기능하는 측면이 있고 당국은 신소제도를 통해 당기관이나 행정기관의 잘못을 감시할 수 있다. 북한이탈주민의 경험에 의하면, 신소가 제기되면 온 동네에 그 사실이 소문나고 상부에도 보고되기 때문에 담당기관에서도 바짝 긴장하며, 제기된 신소는 절차에 따라 처리하고 그 결과를 회신한다.

☑ 평양의대 신소사건

　최근 신소와 관련한 사건이 있었다. 2020년 11월 김정은 국무위원장이 참석한 당 중앙위원회 정치국 확대회의에서 평양의대 당위원회의 범죄행위를 비판하고 관련자를 철직하여 지방으로 추방했다. 평양의대 다니는 남학생들이 동료 여학생을 괴롭혔는데 그 여학생이 자살하였다. 여학생의 어머니가 평양의대 당위원회에 남학생 처벌을 호소했으나 묵살당하자 중구역 안전부에 신소를 제기하였다. 그런데 아무런 회신이 없자 중앙당에 직접 신소를 제기하였고, 중앙당 조직지도부에서 신소가 윗선에서 묵과되었다고 보고 내사하여 관련자들을 문책한 사건이다. 평양의대 당위원회와 신소 처리기관의 담당자 등 수십 명이 지방으로 쫓겨나고 잘못을 저지른 남학생들은 총살형에 처해졌다는 소식이다. 신소를 통해 억울함을 해결한 사건인데, 평소 당간부들의 행태에 불만이 있던 주민들에게는 시원한 소식일 수도 있다. 신소청원법에는, "자기의 요구가 담긴 신소청원을 하는 것은 국가의 주인으로서의 당당한 권리"라 하며, 당국은 조사를 한 이후 그 "처리결과를 신소청원자에게 제때에 알려주어야 한다."고 규정한다. 평양의대 사건을 통해 북한에서 신소제도가 어떤 기능을 하는지 조금이나마 알 수 있다.

(권은민 | 2020. 12.)

농산물 지원

가을배추와 무 재배 농가들이 가격폭락으로 수확을 포기하였다는 뉴스를 보았다. "무의 경우 보통 1평(3.3㎡)당 1박스(20kg)가 나오는데 무밭 1평을 산지 폐기하는 데 3천원이 든다고 하면 포장비, 운송비, 인건비는 4천원으로 더 많이 든다. 농민들이 무를 싼값에 내놓기도 하지만 굳이 산지까지 찾아 이를 가져가는 소비자는 거의 없다. 저장하려고 해도 저장시설이 없는 농가가 대부분인 데다, 일단 저장시설에 들어가면 폐기 시 산업폐기물로 분류돼 1t당 10만~12만원이 든다. 산지 폐기하는 게 가장 적은 비용으로 처리하는 방법이다. 지자체나 정부 입장에서도 먹거리를 폐기한다는 게 기분 좋은 일이 아니지만, 농업인을 보호하고 비용을 아끼려면 산지 폐기를 선택할 수밖에 없다." 계절에 따라 양파, 토마토, 양배추 등 농산물의 과잉 생산 문제가 반복되어 나타난다. 이런 뉴스를 볼 때마다 나는 북한주민들을 생각한다. 만성적인 식량부족에 시달리는 북한주민에게 과잉 생산된 채소를 보내주면 안 되나?

☑ 과잉생산 농산물 지원방안

　내 생각은 이렇다. 과잉 생산되어 폐기가 문제되는 농산물이 생기면 정부, 해당 지자체, 산지 농협과 농민단체, 시민단체의 의견을 모아보자. 정부는 남북대화 채널을 통해 북한과 채소 전달방법을 협의하면서 물류를 책임지고, 해당 지자체와 농협은 생산농가와 협의하여 적정가격으로 매수하고, 시민단체들은 모금운동을 하거나 북한 지원의 필요성을 홍보하면 좋겠다. 그렇게 되면 농민에게는 적정한 비용을 지급함으로써 농업활동을 돕고, 지자체나 시민단체는 북측 파트너와 교류할 수 있고, 정부는 물류비 지원을 통해 남북대화의 물꼬를 트는 기회로 삼을 수 있다. 이런 방안의 현실성이 문제될 수도 있다. 보관과 유통이 어려운 채소의 성질상 북한 전달이 어려울 수도 있고, 들이는 노력에 비해 비용이 과다할 수도 있다. 평소에 이런 생각을 공무원이나 북한연구자들에게 몇 번 말해 보았지만 별다른 호응이 없었다. 전문가들의 눈에 확 들어오는 제안은 아닌 것 같다.

　그런데도 이런 생각을 그만둘 수가 없다. 뉴스영상으로 배추밭이나 양파밭을 갈아엎는 사진을 보면 마음이 아팠다. 멀쩡한 농산물을 폐기하는 건 자연의 이치에 어긋나는 일이고, 더구나 굶주린 사람이 있는데도 이런 일을 반복하다가는 천벌을 받을 것 같은 생각이 든다. 이렇게 생각해 보자. 어느 지역에서는 농산물이 과잉 생산되고, 다른 지역에선 일상적으로 먹을 것이 부족한 상태다. 이런 상황에서 과잉 생산한 농산물을 갈아엎어 누구도 먹지 못하게 하는 것과, 상당한 비용이 들더라도 그 농산물을 배고픈 쪽으로 보내주는 것 어느 쪽이 옳은가?

☑ 남북 농산물교류에도 기적을 만들자

또 다른 뉴스도 있다. 산지폐기가 아닌 다른 방안도 있다는 내용이다. "화천지역 농민들이 정성들여 키운 애호박을 밭에서 트랙터로 갈아엎었다. 생산량이 크게 는 반면 코로나19로 인해 학교 단체급식 수요가 급감한데다, 대형 마트나 백화점 등의 판매 부진으로 소비절벽이 발생했기 때문이다. 전국 최대 산지인 화천에서 200t이 넘는 물량을 산지에서 폐기한다. 정부와 농협이 폐기한 애호박에 대해 8kg 1상자 당 5200원을 보상금으로 지급하지만 겨우 손해를 면하는 정도다. 그런데 반전이 일어났다. 애호박 산지폐기 소식이 알려지자 전국의 소비자들이 하룻밤 사이에 군 직영 온라인 쇼핑몰 등으로 112t(1만4000박스) 분량의 애호박을 주문하는 기적이 일어났다. '온라인 기적'으로 다행히 추가 산지폐기는 면했지만 이는 미봉책에 불과하다." 남북관계에서도 이런 기적을 만들어 보면 어떨까? "고랭지 무 1상자 값을 후원하면 지역농협이 1상자를 후원하고, 정부는 물류비를 지원해서 북한주민에게 전달합니다. 여러분의 후원을 기다립니다." 이런 문구를 볼 수는 없을까?

(권은민 | 2021. 9.)

5.24 조치와 정부 책임

2022년 5월 24일 헌법재판소는 5.24조치로 피해를 본 개성공단 사업자가 제기한 보상입법요구사건에서 청구인 패소 결정을 내렸다. 이 사건의 청구인은 개성공단에서 부동산 개발 사업을 하려고 2007년에 토지이용권을 분양받았고, 근린생활시설 건축허가도 받았다. 그런데 2010년 3월 26일 천안함 침몰사건이 발생하고 우리 정부가 대응조치로 5.24조치를 선언하면서 사업이 중단되었다. 당시 정부의 조치에는 북한에 대한 신규투자 불허 및 진행 중인 사업의 투자확대 금지가 포함되었고, 그로 인해 건축공사 착공과 자재 반입이 사실상 억제됨으로써 청구인은 사업을 진행할 수 없었다. 청구인은 국가를 상대로 손해배상 소송을 제기했으나 패소한 이후 2016년 2월에 헌법재판소에 이 사건 심판청구를 하였다. 5.24조치로 재산상 손실을 입었음에도 국가가 보상입법을 제정하지 아니한 것은 입법부작위로 청구인의 재산권을 침해한 것이라고 주장하였다.

☑ 헌법재판소 결정의 의미는?

6년간의 심리 끝에 내려진 결정은 실망스럽다. 헌법재판소는 "5.24조치는 공익목적을 위해 이미 형성된 구체적 재산권을 개별적, 구체적으로 제한하는 공용제한"이 아니라 "개성공단이라는 특수한 지역에 위치한 사업용 재산이 받는 사회적 제약이 구체화된 것일 뿐"이어서 보상이 필요하지 않다고 판단했다. 결국 5.24조치는 헌법 제23조의 공용제한에 해당하지 않는다는 것이다. 개성공단 내 기존 회사의 영업은 유지하면서 신규 사업자의 사업만을 제한한 것은 사회적 제약을 넘어서는 공용제한으로 볼 여지가 있음에도 이 부분에 대한 세밀한 심리는 없었다. 또한 보상입법이 필요한지에 대해서는 "북한에 대한 투자는 그 본질상 예측하기 어려운 손해가 발생할 가능성이 당초부터 있었고… 사업자는 자기 책임 하에 스스로의 판단으로 사업 여부를 결정하였다."는 이유로 헌법해석 상으로도 보상입법을 마련할 의무는 없다고 판단했다. 헌법재판소는 2022년 1월 27일 선고한 개성공단 전면중단 사건에서도 유사한 판단을 한 바 있다. 이로써 개성공단에서 사업하던 사업자들이 정부 조치로 손해를 보더라도 현행 법체계 하에서 구제받을 기회는 없다.

최근 선고된 2건의 사례를 보면, 기왕지사 벌어진 일은 그렇다 치더라도 장래 남북경협이 재개될 경우에는 어떻게 할 것인지 염려한다. 무슨 이유든 정부가 경협을 중단시키면 그로 인한 피해는 사업자가 부담하라는 지금의 결론은 바람직하지 않다. 필자는 개성공단 전면중단 사건에 대한 평석을 쓰면서 헌재 결정이 법리적으로 문제가 있다는 지적을 한 바 있다. 또한 이런 유형의 사건에서 반대의견 하나 없이 헌법재판관 전원이 일치한 의견을 내었다는 것에 대한 다양성 부족 문제도 제기하였다. 남북문제에 대한 깊은 이해 그리고 사업자를 포함한 다양한 목소리를 듣고 해결책을 고민해 나가는 모습이 보고 싶다. 그런 점에서 최근의 헌재 결정은 실망스럽다.

☑ 5.24조치는 폐지해야

통일부는 남북경협 중단을 선언한 5.24조치 12주년을 맞아 "원칙과 실용이라는 윤석열 정부 대북정책에 따라 앞으로 5.24조치를 검토할 수 있다"고 밝혔다. 정부가 '천안함 폭침사건' 후속 조치로 지난 2010년 5월 24일 발표한 5.24조치는 ▲ 개성공단·금강산을 제외한 북한 지역 방문 불허 ▲ 남북 교역중단 ▲ 대북 신규투자 금지 ▲ 북한 선박의 우리 해역 운항 불허 ▲ 대북 지원사업의 원칙적 보류 ▲ 인도적 지원 차단이었다. 그중 인도적 지원 분야를 살펴보면, 정부는 5.24 조치에 대한 폐기나 변경조치 없이 다양한 지원을 했고, 최근에는 백신지원을 검토하고 있다. 이런 상황이라면 12년 전에 취한 조치를 언제까지 유지할 것인지 스스로 결정해야 할 때가 온 것 같다. 이제는 5.24조치의 폐지를 선언해야 할 때가 된 것 같다. 분열과 갈등의 시대를 넘어 화해와 협력의 시대로 나아가는 큰 그림을 그렸으

면 좋겠다. 5.24조치의 폐지방법은 간단하다. 이 조치는 정부의 일방적 결정으로 내려진 것인 만큼 폐지도 마찬가지 방식으로 하면 될 일이다. 전향적인 변화를 기대한다.

(권은민 | 2022. 6.)

 **베트남 모델**

　북핵문제가 해결되면 북한은 어떻게 변할까? 북한은 어떤 방식의 개혁 개방을 할까? 변화의 가능성 중에 베트남 모델이 자주 거론된다. 청와대 관계자도 "북한이 비핵화 이후 베트남식 모델을 따를 가능성이 가장 높고, 그 길을 북한은 물론이고 한국과 미국도 반대할 이유가 없다."고 발언했다. 베트남은 과거 미국의 적국이었지만 1995년 미국과 수교한 이후에 경제성장을 지속하고 있는 나라다. 베트남은 공산주의 체제를 유지하면서도 시장경제를 받아들여 경제번영을 이루고 있어 김정은 국무위원장이 관심을 가질 만하다는 분석이다. 세간에서 말하는 베트남 모델이 무엇인지는 여러 관점에서 볼 수 있다. 혹자는 북한과 베트남은 정치제도의 차이가 너무 크다고 말하기도 한다. 베트남은 정권교체 원칙이 확립된 반면에 북한은 세습하여 장기집권하고 있어 두 나라는 상황이 완전히 다르다고 한다.

☑ 베트남 부동산제도의 변화과정

여기서는 정치체제와 별개로 부동산제도 측면에서 두 나라를 비교해 본다. 베트남은 1975년 통일 후 사회주의적 토지소유제도를 채택하면서 개인의 토지소유권은 인정하지 않았다. 통일 초기 베트남은 경제침체를 겪었고, 이를 극복하기 위해 1986년 개혁개방정책인 '도이모이' 정책을 추진하였는데, 그 중의 하나가 1987년 토지법 제정이다. 이 법에서 토지소유권과 별개의 토지사용권을 명확히 하면서 토지의 안정적인 사용을 위하여 토지를 가정 또는 개인에게 배분하였다. 다만 토지에 관한 가격은 존재하지 않았다. 이 개혁으로 식량생산이 급증하였다. 1993년에 두 번째 토지법이 제정되었는데, 이때부터 국가가 토지의 가격을 산정하기 시작하였다. 토지사용료, 임대료, 세금, 보상금을 계산하는 기준으로 토지의 가격이 필요했기 때문이다.

2003년에도 새로운 토지법을 제정했는데, 토지사용자의 권리를 강화하고, 토지운영 제도를 단순하고 투명하게 정비하면서 분쟁은 현지 법원에서 처리하도록 했다. 이때 국가가 규정하는 가격과 시장의 가격으로 이원화된 가격을 하나로 하여 토지가격유일제 원칙을 채택하였다. 2013년에 다시 토지법은 전면 개정되어 2014년 7월 1일부터 현재까지 시행되고 있다. 여기서는 토지에 대한 시장 매커니즘을 강화하고 토지사용에 대한 효율성을 강화하였다. 2013년 개정법은 법무부에서 한글로 번역하여 책자로 발간하였는데, 그 분량이 작은 책 한 권 규모다. 전체 14장, 212개 조문이고 그 내용도 아주 구체적이다.

☑ 현재 북한은 어느 단계에 있는가?

베트남 토지법의 변천과정을 보면서, 현재의 북한은 어느 단계에 있는지 생각해 보았다. 북한은 토지가 국유 또는 협동단체 소유이고 개인의 소유권은 인정되지 않는다. 북한에서 토지제도의 변화는 2009년 제정된 부동산관리법이 대표적이다. 이 법에서 허가에 의한 부동산 이용을 허용하고 부동산 가격에 대해서도 규정했다. 토지의 소유는 여전히 국유로 하되 개인이나 기업소도 허가를 받아 토지를 자유롭게 이용하는 길이 열린 것이다. 부동산관리법 제정 후 10년이 지났다. 북한에서 부동산사용료가 부과되는 것은 알지만 부동산 가격을 누가 어떻게 책정하고 있는지, 허가받은 토지의 사용권은 어느 정도로 보호받고 있는지, 부동산 허가나 사용료에 대해 분쟁이 생기면 어떻게 해결하는지 구체적인 사항에 대해서는 알려진 것이 별로 없다. 베트남의 경험에 비추어 보면 현재의 북한 토지제도는 1993년 베트남 토지법 수준이다. 베트남은 1995년 미국과 수교한 후 국제금융기구나 선진국의 공적개발자금을 본격적으로 받아들이기 시작했다. 현재의 북한은 미국과 국교수립을 희망하고 있는 상황이다. 북한과 베트남 사이에는 토지법 상으로 약 25년의 차이가 있는 셈이다.

그 간격을 효과적으로 단축시킬 방안은 없을까?

　나라별 토지제도는 서로 다르다. 역사적인 경험이 다르고, 추구하는 방향이 다르기 때문이다. 그렇지만 개혁 개방의 측면에서 토지제도가 변해가는 방향은 비슷하다. 베트남 사례를 볼 때 토지사용권의 안정적 보장, 사용기간의 장기화, 부동산 가격책정의 합리화가 그 방향이다. 부동산제도의 변화과정에서 북한도 예외가 될 수는 없다. 북한이 경제발전을 위해 외국인 투자를 유치하려는 입장을 유지하는 한 투자유치를 위해서는 안정적인 토지사용이 보장되어야 한다. 베트남이 걸어간 길을 북한도 걸어갈 것이다. 가야할 길은 보이는데 속도가 문제다. 얼마나 빨리 따라 잡을 수 있을까? 그 과정에서 대한민국이 할 역할은 무엇일까? 머리를 맞대고 논의해 볼 일이다.

(권은민 | 2018. 5.)

북한 시장에서 장세를 걷는다고요

"시장 돌며 뒷돈 챙긴 함남 상업부장, 재산몰수·추방 철퇴 맞았다."는 제목의 기사를 보았다. 함경남도 인민위원회 상업부장이 내각 상업국 검열에서 '개인 권력을 악용한 비위 행위'가 드러나 출당·철직되고, 중앙검찰소로 넘겨진 사건이다. 상업부장 조씨는 지난 3년간 시장관리소와 상업과로부터 월 500~1000달러를 상납금으로 받아온 사실이 발각됐다. 월 총화 때 상업부 사업비로 뒷돈(뇌물)을 정기적으로 바치도록 강요하고, 이를 개인이 착복했다. 현재 북한에서는 국가 기관인 상업관리소를 통한 주민공급제도가 유명무실해지면서 시장을 통해 소비품이 거래된다. 이에 따라 시장관리소의 역할은 갈수록 중요해지고 있다. 그 중에서도 장사꾼들에게 일별 장세를 걷는 일은 통치자금 마련에서 중요한 부분을 차지한다. 그런데 조씨는 본인의 직무를 악용하여 뇌물을 받고 상납금을 중간에서 갈취했다. 이에 따라 내각 상업국은 조씨가 '사회주의 상업관리 원칙을 훼손'했다고 낙인찍었다. 북한 당국은 조씨의 살림집과 재산을 모두 몰수한 후 가족을 함경남도 홍원군 보현리 농장으로 추방했다.

☑ 사회주의 상업법은 지켜지는가

이 사건을 법률의 관점에서 살펴본다. 사회주의 계획경제체제를 선택한 북한은 주민들에 대한 물자공급의 원칙과 기준을 사회주의 상업법에서 규정한다. 1992년에 처음 제정된 후 2010년까지 6번 개정된 상업법은 '인민들에 대한 공급사업'을 사명으로 하면서, '국가는 상품에 대한 수요를 생산에 정확히 맞물리고 생산된 상품을 제때에 수요자에게 공급'하는 원칙을 정한다. 상업법은 상품공급, 수매, 사회급양, 편의봉사, 상품보관관리, 상업의 문화성과 봉사성, 상업시설의 현대화, 상업부문 사업에 대한 지도통제라는 제목으로 9개의 장으로 나누어 89개 조문을 두고 있다. 북한의 법률로는 방대한 편이다. 북한 당국은 '사회주의 상업을 과학적으로 합리적으로 관리운영'하려고 여러 가지 원칙을 정했지만 그 원칙이 무너진 것은 널리 알려진 사실이다. 변화된 현실을 법에 반영한 흔적도 있다. '상품의 비법판매금지'(제27조)라는 제목으로, "회의, 강습, 경쟁, 지원 같은 명목으로 주민용 상품을 빼내거나 안면 또는 직권을 람용하여 판매공급하는 행위를 할 수 없다."는 조항이 있고, '여유물건의 수매와 수매자의 신분확인 금지'(제38조)라는 제목으로, "주민들이 여유로 가지고 있는 물건을 수매받아야 한다. 이 경우 수매하는 자의 신분을 확인하거나 물건의 출처를 따지지 말아야 한다."는 조항이 있다.

☑ 장세징수, 근거는 있는가

현재의 북한은 장마당이라 불리는 시장이 주민생활에 깊숙이 들어와 있고, 종합시장 등 다양한 형태의 시장이 전국적으로 분포되어 있다. 당국은 시장에서 장세를 걷는 것이 현실이다. 그런데 상업법에는 장세징수에 대한 규정이 없고, "상점을 운영하려는 단체는 영업허가를 받아 정해진 질서대로 하여야"하고, "시장에서는 팔지 못하게 되어 있는 상품을 판매하거나 한도가격을 초과하여 상품을 판매할 수 없고", "시장 밖에서는 상품을 판매하는 행위를 할 수 없다."는 조항을 두면서, "이 법을 어겨 엄중한 결과를 일으킨 책임있는 일군과 공민에게는 정상에 따라 행정적 또는 형사적 책임을 지운다." 고 규정한다.

필자가 알고 있는 북한의 현실과 상업법 사이에는 커다란 괴리가 있다. 이번 뉴스보도로 밝혀진 사건의 배경에는 장세징수 등 상업법 위반이 일상화된 현실이 숨어있다. 법과 현실이 괴리되면 그 피해는 사회 전체가 부담하게 된다. 위험에 대비한 비용이 증가하고 그것이 단계별로 전가될 것이다. 이미 일상이 된 장마당 운영과 장세 징수를 중단시킬 수도 없고, 계획경제가 전면적으로 작동하던 과거로 돌아갈 수도 없다. 이제는 현실을 인정하고 그것을 법제도에 반영해야 한다. 그래야만 현재의 정체된 경제상황을 개선할 수 있을 것이다. 필자는 북한사회의 변화가 법제도에 어떻게 반영되는지 지켜보는 중이다.

(권은민 | 2021. 3.)

북한에서 세금제도가 부활할까?

 북한은 조세제도가 없는 특이한 나라라는 말을 하면 듣는 사람들이 깜짝 놀란다. 세금없이 어떻게 나라를 운영한다는 것인지 궁금하기 때문이다. 북한은 1972년 헌법을 개정하면서 제33조에 "국가는 낡은 사회의 유물인 세금제도를 완전히 없앤다."고 선언하였고, 그 이후 지금까지 북한에는 세금이 없다.

 도대체 세금 없이 어떻게 나라 살림을 할 수 있을까? 세금이라는 명목의 강제징수가 없지만 생산수단이 모두 국유라 회계 처리 방식으로 국가가 필요한 자금을 조달한다. 거래수입금이나 국가기업 이익금이라는 명목으로 회계적으로 국가재정 수요를 충족하는데, 개인에게는 세금을 부과하지 않는다. 그런데 최근 북한에는 장마당 거래를 통해 소득을 얻는 사람들이 있다는데, 앞으로도 세금제도를 도입하지 않을 것인지 궁금하다. 최정욱 회계사가 쓴 논문 "북한의 세금제도 폐지와 재도입 가능성에 관한 연구"(조세연구 2019.9.)에 의하면, 북한 당국이 점진적으로 조세제도를 도입할 가능성이 보이기는 하지만 전면적인 조세제도 부활은 어렵다는 분석이다. 북한 내 현실을 보면, 장마당에서 경제활동을 하여 소득을 얻는 주민들이 있고,

그들은 세금을 내더라도 자신의 수입을 합법적으로 인정받고 싶은 욕구가 있다. 한편 북한 당국은 나라살림살이를 위해 재정수입을 증가시킬 필요가 있다. 이런 상황이라면 북한 당국이 세금제도를 도입하는 것이 상호 윈-윈 할 수 있는 전략이다. 그런데도 조만간 조세제도가 부활할 가능성이 낮다고 하는 이유는 무엇인가?

☑ 북한조세제도의 변화과정

그 이유는 정치와 역사에 있다. 북한은 해방 후 지속적으로 세금제도 폐지를 추진하였고, 1972년 12월 개정된 헌법에서 세금제도를 폐지했다. 북한이 이런 정책을 추진한 이유는 과거 일제 강점기의 수탈적인 조세제도에서 인민을 해방시키겠다는 정치적 목표를 세웠기 때문이다. 즉 북한 당국은 자신들이 세운 나라가 기존의 자본주의 국가와는 다른 이념을 추구하는 사회주의 국가라는 점을 강조하면서 그런 변화의 상징을 '세금이 없는 나라'라는 제도를 통해 홍보했다. 북한은 정치적인 이유로 세금제도를 폐지했지만 실제로는 '국가예산수입법'을 중심으로 하는 다른 형태의 세금제도를 구축했다. 사실 개인들에게는 세금을 납부할 만한 재산이나 수입도 없었다. 그 동안 북한은 자신들이 이룬 '세금이 없는 나라'를 정치적 선전수단으로 활용해 왔다. 연구에 의하면, 세금제도 폐지에 대한 로동신문 홍보기사는 1970년대와 1980년대 초반까지는 상당한 정도였지만 그 이후 특히 근래에 들어서는 현격한 감소를 보이고 있다(현행 북한 헌법은 "세금이 없어진 우리나라에서 늘어나는 사회의 물질적 부는 전적으로 근로자들의 복리증진에 돌려진다."고 규정함).

☑ 세금제도가 부활하려면

만일 북한당국이 세금제도를 부활하려면, 기존의 '세금이 없는 나라'라는 정치적 입장을 바꾸어야 한다. 현 시점에서 북한이 선택할 수 있는 방향으로는, 기존정책에 대한 전면적인 철회나 조세제도 부활이라는 급격한 전환의 길을 걸어갈 수도 있지만 점진적인 변화를 추구할 가능성이 더 높다. 점진적 변화의 사례로는, 장마당에서 걷는 장세, 부동산 사용료 등 새로운 명목의 부담 증가다. 이런 점에서 현재의 북한은 정치적으로는 세금제도를 폐지하였지만 경제적인 측면에서는 사실상의 세금제도가 존재한다고 볼 수도 있다. 2018년 11월 라선경제지대에 '살림집 판매 및 리용규정'을 제정하여 주택의 판매를 허용하는 실험을 하고 있다. 국가가 주택을 배정해주던 방식에서 주택 판매를 허용하는 변화를 시도함으로써 기존의 계획경제체제에 예외를 두기 시작하였다.

지금도 국제사회의 대북경제제재가 계속되고 있다. 앞으로 북한의 경제사정이 더욱 어려워질 것이라는 분석도 있는 바, 북한 당국이 언제까지 세금징수를 미룰 수 있을 것인지 궁금하다. 북한 내에서 사적 경제영역이 확장될수록 사실상의 세금제도로 인한 충돌이 일어날 가능성도 높아질 것이다. 법령의 규정 없이 과세표준과 세율을 정하는 것이 쉽지 않기 때문이다. 북한이 언제까지라도 '세금이 없는 나라' 정책을 지속하기는 어려울 것이다. 북한이 개인소득세나 부가가치세의 전면적 도입에 부담을 느낀다면 베트남 사례처럼 고소득자에 대한 개인소득세부터 도입할지도 관심거리다. 북한의 변화를 조세제도의 측면에서도 유심히 볼 필요가 있다.

(권은민 | 2020. 3.)

북한 투자 시 분쟁이 발생하면

  북한은 1984년 합영법 제정 이후 지금까지 외부 투자를 유치하려고 노력한다. 지난 35년간 수많은 북한투자 사례가 있었고, 그 과정에서 다수의 분쟁이 발생했다. 북한에서 분쟁이 발생하면 어떻게 해결할 것인가? 북한 법령을 예로 들어보자. 투자기업의 토지사용과 관련된 토지임대법 제42조는 "토지 임대와 관련한 의견 상이는 당사자들 사이에 협의의 방법으로 해결한다. 협의의 방법으로 해결할 수 없을 경우에는 조정, 중재, 재판의 방법으로 해결한다."고 규정함으로써 협의, 조정, 중재, 재판을 분쟁해결제도로 열거하고 있다. 투자와 관련한 다른 북한법 규정도 대동소이하다.

  그 동안의 연구결과에 의하면, 북한에서 민사분쟁이 발생하였을 경우에는 대부분 소송외적 방법으로 해결되었다. 북한 내에도 민사재판이 있지만 이혼 등 가사사건이 큰 비중을 차지하고 민사분쟁의 비중은 낮다. 민법과 민사소송법이 존재하지만 일반인의 사유재산이 적은데다가 개인의 자유로운 법률관계 형성이 제한되기 때문에 민사소송 사건이 많지 않다. 참고로 통일 이전 동독은 북한에 비하여 활발한 사경제활동을 허용하였고 사유재산도 비교적 광범위하게 인정하였지만 통일 직전 민사소송건수는 서독에 비해 7분의 1미만이었다.

이런 상황에서 북한지역에 투자하려는 외부 투자자는 분쟁발생 시 합리적인 해결방안이 있는지 의문을 갖게 될 것인데 이를 적절히 해소시키는 것은 북한투자의 승패에 중대한 영향을 미칠 것이다. 한편 남한의 분쟁해결제도는 세계적으로도 높은 평가를 받고 있는 바, 남한의 경험을 적절히 활용할 필요도 있다.

☑ 북한의 분쟁해결제도

필자는 북한법이 규정하는 각각의 분쟁해결제도가 어떻게 작동되는지, 북한법상 분쟁해결제도가 투자기업에게 도움이 될 것인지를 연구했다. 투자기업의 실제 분쟁사례를 찾고, 그 사례들이 북한법상 분쟁해결제도 중 어떤 제도로 해결하는 것이 좋을지 검토하고, 이어서 분쟁해결제도의 장래를 전망하였다. 북한법상 허용되는 분쟁해결제도인 협의, 신소, 조정, 중재, 재판은 각 제도별로 고유한 역할이 있었다. 실제로 발생한 분쟁사례를 유형별로 분류해 보았더니 대부분 북한 내 제도로 해결할 가능성이 있었다. 그 동안 분쟁해결제도에 대한 연구는 북한 내 분쟁해결제도는 믿을 수 없기 때문에 제3국에서 중재재판을 하는 것이 바람직하다는 주장이 대부분이었다. 하지만 모든 분쟁을 제3국 중재로 해결하기는 어렵다. 시간과 비용이 많이 들기 때문이다. 분쟁 유형별로 적합한 북한제도를 활용하자는 것이 나의 제안이고, 북한이 투자유치를 원하는 이상 북한의 분쟁해결제도를 통해서도 대부분 해결될 수 있을 것이라 믿기 때문이다.

☑ 새로운 방안을 찾자

과거 경험상 북한을 신뢰할 수 없다는 사람들의 주장도 일리는 있지만 미래가 과거와 꼭 같아야 할 이유는 없다. 상황이 변하면 그 변화된 상황에 맞추어 법적용도도 유연하게 해 보자는 것이 내 생각이다. 투자자들에게 두려운 것은 분쟁이 아니라 분쟁을 해결하는 법적 보호조치가 부실한 것이다. 연구 결과 북한법상 분쟁해결제도는 다양하고 각 제도별로 장단점이 있으므로 분쟁의 성격과 규모에 따라 적합한 분쟁해결방법을 모색해 볼 수 있다는 결론에 이르렀다. 또한 분쟁유형별 사례를 하나씩 축적함으로써 예측 가능성과 투명성을 높일 수 있을 것이다. 분쟁해결제도가 합리적 수준에서 정착되어야 북한에 대한 외국투자도 활기를 띠게 될 것이다. 분쟁해결제도는 북한의 제도이지만 북한에 투자하는 것은 외부 투자자이므로 분쟁해결제도의 형성과 운영에는 투자 당사자들의 의견도 고려해야 한다. 장차 남북한 교류확대에 대비하여 사법공조나 법조 인력의 교류에도 관심을 가져야 한다.

(권은민 | 2019. 1.)

2

'담대한 구상'과 통일담론

북한의 7차 핵실험 예측이 빗나가는 이유
윤 정부 대북정책에 한반도 미래 비전이 있는가?
비교하면 비로소 보이는 것들
'담대한 구상'과 대북한 확증편향
'압도적으로 우월한 전쟁'을 준비하라고?
미국은 한국의 무엇인가?
어떤 통일을 해야 할 것인가?
새 정부에서 '한반도 데탕트'를 기대한다
동북아 지정학과 남북 ICT 교류협력 가능성
'담대한 계획' 실현 위해 담대한 접근 필요
북한 핵보유 법제화에 어떻게 대응할 것인가
미·중 전략경쟁과 한반도의 위기
윤석열 정부의 대북정책, 이산가족 상봉부터 시작하자.
우리의 소원
인공지능이 바꿔놓을 남북경협 패러다임

불신과 불통의 장벽을 허무는 묘수, 7500만 상생 번영의 활로는 없는가?

북한의 7차 핵실험 예측이 빗나가는 이유

2022년 상반기 이후 국제사회를 뜨겁게 달구었던 북한의 추가 핵실험 예측이 빗나가기만 한다. 북한 지도부의 결단만 남았다고 하던 한미 당국과 전문가의 확신은 어디론가 사라지고, 한반도에 당장 큰일이 날 것 같은 분위기도 잠잠해졌다. 반면, 남한의 선제타격 가능성에 대한 북한의 보복 발언, 한미연합연습에 대한 북한의 거친 반응이 다시금 남북을 긴장상태로 몰아가고 있다. 지난 수개월 동안 북한 핵실험이 임박했다는 예고가 맞아떨어지지 않은 이유는 무엇일까? 정보 분석 능력이 모자라고, 종합적이지 못한 때문일까? 핵실험이 북 최고 지도부의 정치적 결단과 직결되어 있는 것은 자명하나, 그런 결단을 내리는 데는 남북 상황과 국제환경 등이 영향을 줄 수밖에 없다. 우리에게 중요한 것은 그런 상황과 환경에서 북한이 어떤 선택을 할 것인지를 예측하는 일일 것이다. 이는 북한을 제대로 아는 것과 맥을 같이한다. 북한을 안다는 것은 그들의 입장에서 미래를 생각할 수 있음을 의미하는 것이다.

☑ 북한의 핵 활동 정확히 포착돼

핵실험과 관련, 바깥으로 드러나는 북한의 활동이나 움직임은 정확히 포착된다. 인공위성을 비롯, 최첨단 장비가 북한 지상에서 이루어지는 세세한 움직임까지도 면밀하게 들여다보고 있기 때문이다. 일반인이 "구글 지도"만 들여다봐도 사는 동네나 도로 등의 변화를 살펴볼 수 있을 정도인데, 군사 분야에서 정보를 찾아내는 기술은 두말할 필요가 있겠는가. 그야말로 의심스러운 모든 것은 다 잡아낼 정도다. 북한이 제7차 핵실험을 단행할 것이라는 예측도 마찬가지다. 2018년 5월 폐쇄한 함경북도 길주군 풍계리 핵 실험장 3번 갱도가 올 해 초 복구되는 정황을 보인데서 근거한다. 지난 4월 미 전략국제문제연구소(CSIS)는 위성사진을 근거로 풍계리 핵 실험장 갱도에 새로운 콘크리트 차단벽과 건설자재가 포착됐다고 밝힌 바 있다. 핵실험을 위한 핵 기폭장치 작동 시험도 탐지해 냈다. 이를 바탕으로 그 후 1~2주 내 핵실험을 할 것으로 내다보았다. 하지만 예측은 빗나갔다. 그러면서도 북한이 핵실험을 단행할 것이라는 확정적 전망은 사라지지 않았다. 각종 기념일이나 행사와 연결하여 예측하는 양상을 보였다. 4월에는 김일성 주석 생일과 조선인민혁명군 창건기념일과 연결하는가 하면, 5월에는 바이든 미 대통령의 한일 순방, 6월의 노동당 전원회의를 비롯, 6월 29일 북대서양조약기구(NATO·나토) 정상회의와 함께 7월 4일 미국 독립기념일을 연결하기까지 했다. 통일부 장관은 북한이 '전승절'로 기념하는 7월 27일 정전협정체결일에 핵실험을 감행할 수 있을 것이라는 관측을 내놓았다. 예측한 날에 핵실험을 하지 않으면 다른 기념일이나 행사와 연결하는 특징을 보였다. 그 중에는 어처구니없는 전망도 있었다. "국제사회가 북한을 계속 주시하고 있기 때문에 북한에 대한 감시가 이완됐을 때 핵실험을 전격적으로 단행할 것"이라는 언급이었다. 국제사회가 북한을 주시하지 않을 때가 있었던가? 북한이 핵실험을 하지 않고 있으면, "핵실험 하려던 것이 맞느냐라는 회의론이 나올 것이며 그때 쯤 핵실험을 강행할 것"이라고 했다. 이런 전망을 어찌 전망이라고 할 수 있을지 모를 일이다. 그러면서 북한 내 코로나 상황은 핵실험 단행에 빠지지 않는 단골 메뉴다. 백신이 없는 북한에 코로나 상황이 걷잡을 수 없이 확산할 것이기 때문에 이것이 핵실험 단행의 결정적 변수라는 것이다. 북한 코로나 감염 상황은 크게 완화되었으나, 핵실험 소식은 어디에도 찾아볼 수 없다.

☑ 북한 파악 제대로 하지 못해

북한이 핵실험을 할 것이라는 근거 또한 빈약하기만 하다. 어느 전문가는 북한의 핵실험이 '대외 과시용 정치행위'라고 했다. 북한이 "(2022년) 3월 24일 모라토리엄을 깼는데 생각만큼 크게 주목을 받지 못했죠. 그렇기 때문에 핵실험을 통해서 자신들의 핵 능력을 과시하려는 것이죠." 과연 그것뿐일까? 어느 나라든 자신들의 대외적 행위가 주목받기를 원한다. 그런 일반적이고 당위적인 말로 북한의 핵실험을 설명할 수 있을지 의문이다. 북한의 핵실험 감행에는 정치적 고려가 자리 잡고 있음은 분명하다. 그 정치적 고려가 무엇인지 제대로 파악해 내는 일이 전문가의 역할이 아닐까. 그래야만 북한의 행동을 예견할 수 있지 않겠는가 말이다. 기술적인 면을 들어 북한이 핵실험을 단행할 것이라는 주장도 큰 설득력을 갖지 못한다. 북한은 이미 여섯 차례 핵실험을 통해 핵 무력 완성을 천명한 바 있다. 기실 북한에게 필요한 것은 기술 업그레이드를 통한 핵탄두의 소형화와 경량화다. 김정은도 제8차 당 대회에서 핵 기술 고도화와 관련, 핵무기 소형화 및 경량화, 전술무기화, 초대형 핵탄두 생산 등 3가지를 주문한 바 있다. 지난 5월 미 전략사령부의 토론회에서도 미국이 북한 비핵화를 목표로 삼고 있지만, 실제로는 핵사용을 억지하는 것이 우선순위가 될 만큼 북한 핵 능력이 고도화했음을 지적한 바 있다. 이런 면에서 볼 때 기술적 면에서 북한의 추가 핵실험 수요는 그리 크지 않을 수 있다.

핵실험 예상이 빗나가는 이유는 무엇일까? 한마디로 북한을 잘 파악하지 못하기 때문이다. 북한의 입장에서 파악해야 하는데 그러지 않기 때문이다. 북한이 핵실험할 이유가 무엇인지, 이를 통해 얻으려고 하는 것은 어떤 것인지, 대외적으로는 어떤 요구를 하려고 하는지 제대로 찾아내지 못하고 있기 때문이다. 빈약한 분석은 왜곡된 평가를 가져온다. 단정적인 결론에만 이르게 한다. 정보를 가지고 있다고 해도 북한을 제대로 알지 못한다면 북한의 의도를 왜곡할 수밖에 없다. 이에 기초한 대북 정책은 올바른 방향제시를 어렵게 할 뿐만 아니라, 결국은 실패한 정책으로 귀착될 것이다.

(김영윤)

윤 정부 대북정책에 한반도 미래 비전이 있는가?

정권이 바뀌면 정책도 바뀐다. 이전 정부의 정책은 일단 무시되는 것이 통례다. 이념을 달리하는 정당 간 권력이 옮아가는 경우에는 더욱 그러하다. 정책의 변화가 무조건 탓할 만한 것은 아니다. 다만, 정책을 바꾼 결과가 이전의 정책보다 더 폭넓게 수용되고 더 긍정적이어야만 하는 것은 당연하다. 정책은 대중을 상대로 하는 것이고, 대중의 지지가 정책 추진의 추동력이 되기 때문이다. 대북정책에서도 마찬가지다. 다른 정책과는 달리 우리 사회의 모든 분야와 연결되어 있다. 민족 문제의 해결과 맥을 같이 한다. 이런 점에서 대북정책의 변화는 한반도의 미래 비전을 보다 효율적으로 담아낼 수 있어야 한다. 그 미래 비전은 다름 아닌 한반도의 평화와 공동번영이다. 전쟁을 회피하고 같이 잘 사는 행복한 삶이다.

☑ 전쟁을 회피하고 같이 잘 사는 삶이 한반도의 미래비전

여야 양 진영 간 첨예한 대립과 갈등 끝에 미증유의 격차로 승리한 윤석열. 그의 정부 대북정책은 우리가 원하는 한반도의 미래 비전을 담고 있을까? 정책 추진의 결과가 어떻게 나타날 것인가? 과연 우리의 기대에 부응할까? 한 마디로 가늠하기 힘들다. 오히려 그 반대다. 암울한 미래상만 보일 뿐이다. 무엇보다 문 정부 대북정책에 대한 비판으로만 일관하고 있기 때문이다. 그 어떤 정책도 문 정부의 정책은 아니어야 한다(Anything but Moon)는 식이다. 윤석열은 문 정부의 "한반도 평화프로세스"를 완전히 실패한 정책으로 단정했다. 그동안 가졌던 세 차례의 남북정상회담도 "쇼"로 치부하고 있다. 남북문제를 국내정치에 이용했다는 것이다. 한반도 평화와 안보의 선결 요건인 북한의 비핵화를 제대로 만들어내지 못했다고 한다. 그렇다면 윤의 대북정책에는 한반도의 비핵화를 어떻게 실현할 것인지를 구체적으로 담고 있는 것인가? 아무리 봐도 보이지 않는다. 대북 압박만 있을 뿐이다. 기껏해야 북한이 완전한 비핵화를 하기 전 실질적인 비핵화 조처를 내놓으면 경제적 지원을 하겠다는 정도다. 실패한 이명박근혜 정부와 판박이다. 북한을 추동할 수 없음이 자명하다. 그뿐만 아니다. 북한의 행위는 모두 "불법적 도발"로 치부하려는 경향이 강하다. 그래서 단호하게 대처하겠다고 한다. 한·미간 연합연습(CPX)과 야외기동훈련(FTX)을 "정상화"하고 '확장억제전략협의체(EDSCG)'의 실질적 가동과 함께 '한국형 아이언 돔'도 조기 전력화하겠다고 한다. 한국형 미사일 방어체계(KAMD)와 대량응징보복(KMPR) 역량 강화 등을 북핵·미사일 위협 억제 수단으로 사용하겠다는 것이다. 심지어 수도권까지 1분이 채 걸리지 않는 북한의 극초음속 핵미사일을 요격하는 것이 불가능하기 때문에 북한이 발사 조짐이 보일 때 '킬체인'을 통해 '선제타격'할 수밖에 없다는 발언도 서슴지 않는다. 한미 양국이 핵무기를 전개하기 위한 협의 절차를 마련하겠다는 구상도 밝혔다. 대륙간탄도미사일(ICBM), 잠수함발사탄도미사일(SLBM), 전략폭격기 등 미국의 핵 전략자산을 한반도에 전개하기 위한 협의를 하겠다는 것이다. 경북 성주의 주한미군 사드(고고도미사일방어체계) 기지 운영을 정상화하고, 사드를 직접 구매하거나 추가 배치해 북한 핵·미사일로부터 수도권의 안전을 확보하겠다고 공언했다. 한마디로 전쟁으로 치닫지 않을지 섬뜩하다. 그와 같은 전략을 과연 한국 정부의 의지대로 펼 수 있을까?

☑ 한미동맹 강화로 한반도의 미래를 담보할 수 있나?

윤석열의 말대로 한미동맹을 강화하면 모든 것이 가능할까? 군사적 조치들이 한반도의 미래를 어떻게 담보할 것인가는 차치하더라도 이행 가능할 것인가에는 큰 의문이 든다. 윤석열의 대북 강경책을 미국은 반길지도 모른다. 북한을 자극해 실리를 얻으려는 그들의 정책에 조응하기 때문이다. 그러나 미국의 대북 정책과 윤의 대북정책이 반드시 공조할 것으로는 보이지 않는다. 미국의 대북정책은 철저한 미국의 국익을 고려한 대한반도 정책의 일환이기 때문이다. 미국에는 중국의 군사력 증대와 팽창을 견제하는 더 중요하다. 사드 배치는 그와 같은 맥락에서 파악할 수 있다. 미국의 대북정책이 남북한간 협력을 통한 한반도 평화정착과 통일을 목표로 이루어지지 않는 점은 삼척동자도 다 안다. 그들의 직접적 이해관계와는 거리가 먼 사안이기 때문이다. 그보다는 한국의 안보를 명분으로 남북 관계에 간섭하고, 한국이 미국 무기의 최대 구매국으로서 존재하게 하는 것이 더 중요하다. 그 덕분에 한국은 이미 세계 6위의 군사력을 확보하게 되었다. 이것이 과연 자랑스러운 일인가?

윤의 대북정책에는 북한은 없다. 북한은 잘못된 집단이기 때문에 강압적 대응밖에 할 것이 없다는 것이다. 북한이 왜 핵·미사일을 가지려고 하는 것인지에 대해서는 생각조차 해 본 적이 없는 것 같다. 북한의 비핵화는 그들의 핵 보유 의지를 규명하는 데서부터 시작되어야 하는데, 이는 안중에도 없는 일이다. 윤석열이 북한의 실질적인 비핵화 조치의 첫 단계로 제시하는 '국제적인 검증'과 '핵시설 전면 사찰 허용'을 북한이 왜 받아들이지 못하는 지 그 이유부터 규명하는 것이 한반도 비핵화의 시작될 것이 아니겠는가. 대북정책을 바꾸기 전, 국민이 원하는 남북 관계의 궁극적 모습이 어떤 것인지, 그것을 어떻게 주도적으로 이루어낼 것인지, 그런 주도권을 어떻게 확보할 것인지에 대한 답부터 마련해 놓아야 할 것이다. 대량살상무기(WMD) 참여와 사드의 추가 배치가 중국과는 상관없이 미국 편에만 서면되는지, 그것이 과연 국익을 위한 최선의 답인지 먼저 성찰해야 할 것이다. 바뀌는 대북정책이 합리적이고 바람직한 것으로 자리매

김할 수 있으려면 그것이 남북 관계의 미래상에 부합해야 한다. 호언장담하지만 결국은 남북 관계에서 아무것도 이루어내지 못하는 전철을 밟지 않을까 우려된다.

(김영윤)

비교하면 비로소 보이는 것들

나라와 나라의 관계를 친구 관계로 나타내면 우방(友邦)이다. 한 번 친구면 영원한 친구. 사인(私人) 간에도 그리 쉬운 일은 아니다. 하물며 첨예한 이해관계와 철저한 국익으로 무장된 국제사회에서는 어떨까. 우방의 진정한 의미는 친구같은 평등을 내포하는 것일진 데, 세계경제력 10위, 군사력 5위의 한국에게 미국은 어떤 존재일까? 진정한 우방일까? 2022년 5월 21일 한·미정상회담만 해도 그렇다. 꼭 1년 전이었던 2021년 5월 21일 바이든 정부와 가졌던 문재인 정부의 정상회담과는 크게 비교된다. 정부 입장의 반영이라는 차원에서 볼 때 크게 후퇴해 있다. 정책 추진의 독자성은 물론, 한 나라의 입장과 생각을 치열하게 반영하지도 못했다.

☑ 윤정부 한미정상회담, 남북대결 강화로 귀착

첫째, 평화의 공고화는 멀어지고 대결은 강화되었다. 2021년 한·미정상회담에서 한국은 미국이 "가용한 모든 역량을 사용하여 확장억제를 제공한다는 공약을 확인"하는 정도에서 합의했다. 그러나 2023년 5월 정상회담에서는 미국의 한국에 대한 확장억제 공약으로 "핵, 재래식 및 미사일 방어능력을 포함하여 가용한 모든 범주의 방어역량을 사용"할 것에 합의하고 있다. 구체적이고 명시적이다. 대결적 모습을 여지없이 드러내고 있다. 한국이 스스로 자청했거나, 미국이 요구했다면 전폭 수용한 것이라고 할 수 있다. 또한 문정부에서는 "동맹의 억제 태세 강화를 약속하고, 합동 군사준비태세 유지의 중요성을 공유"하는 것에 그치고 있으나, 윤정부는 "고위급 확장억제전략협의체(EDSCG)의 재가동과 함께 한반도와 그 주변에서의 연합연습 및 훈련의 범위와 규모의 확대"에 합의하고 있다. 한·미 연합훈련 범위와 규모를 "한반도와 그 주변으로 확대한다"는 것은 구체적으로 명시하지는 않았지만, 중국을 핵심적으로 겨냥, 군사 협력을 강화하겠다는 것이다. "글로벌 포괄적 전략동맹"이라는 차원에서 미국의 세계 전략과 관련, 한국의 역할을 강화하겠다는 것이다. 한반도 평화를 공고화할 방안이라기보다는 한반도 정세의 불안을 초래하는 단서가 되지 않을지 우려되는 합의였다. 전작권 환수에서도 문정부는 "조건에 기초한 전작권에 대한 확고한 의지를 다시 한 번 강조"한다고 했으나, 윤 정부는 "조건에 기초한 전작권 전환에 대한 의지를 재확인"한 것으로 했다. '확고한 의지'에서 '단순 의지'로 바꾼 것이다. 전작권 환수에 따른 결과를 그만큼 더 우려했기 때문일까. 그러면서도 미국에게는 얼마든지 피해갈 수 있는 여지를 제공하고 있다. 공히 "조건에 기초"한 전작권 환수를 언급하고 있기 때문이다.

☑ 북한 핵문제 해결 합의는 무용지물, 경제적 실익 도외시

둘째, 북한 핵 문제 해결에 대한 기존 합의는 모두 무용지물이 되고 말았다. 한반도 핵 문제 해결을 위해 문재인 정부는 바이든 정부와 "2018년 판문점 선언과 싱가포르 공동성명 등 기존의 남북 간, 북미 간 약속에 기초한 외교와 대화"하는데 합의했다. 그것이 "한반도의 완전한 비핵화와 항구적 평화정착을 이루는 데 필수적이라는 공동의 믿음"을 준다고 믿었기 때문이다. 그러나 윤정부의 한미정상회담에서 그와 같은 기존 합의는 모두 사라졌다. 다만, "평화적이고 외교적인 문제 해결을 위한 대화의 길이 여전히 열려 있음을 강조하고 북한이 협상으로 복귀할 것을 촉구하였다"라고만 언급하고 있을 뿐이다. 북한이 협상으로 복귀할 수 있는 그 어떤 제의나 언급은 없다. "북한이 실질적 비핵화에 나선다면 북한 경제와 주민들의 삶의 질을 개선할 수 있는 담대한 계획을 준비할 것"이라고 했지만, 이는 이명박 정부의 '비핵·개방 3000'의 판박이다. 성공하지 못한 정책이다. 과거로부터 배우지 않는, 다시 실패해야만 비로소 깨달을 수 있는 정책일 뿐이다. 큰 노력과 시간을 들여 북한과 합의한 것을 외면하고, 새로운 합의에 이르기를 원한다면 얼마나 많은 시간과 노력을 더 들여야 할지 모른다. 그런 전철을 구태여 밟는 것이 과연 바람직한지 묻고 싶다.

셋째, 우리의 경제적 실익을 도외시하는 여지를 만들고 있다. 2021년 한·미정상회담에서 문재인 정부는 "포용적이고 자유롭고 개방적인 인도·태평양 지역의 유지"에 합의했다. 인·태 지역 관련, 포괄적인 개념을 적용했다. 그러나 윤정부는 미국과 함께 중국 경제를 견제하는 데 스스로 앞장서고 있음을 알 수 있다. 인도-태평양 전략인 IPEF(인도-태평양경제프레임워크)에의 참여가 그것이다. IPEF는 인도·태평양 지역에서 중국 견제를 목적으로 공급망을 재편하려는 협의체다. 통상·무역 영향력을 확장하려는 미국의 구상이다. 이 IPEF에서 한국정부가 적극적 역할을 하려는 것은 미·중 경제패권경쟁에 스스로 몸을 던지는 격이다. 윤정부는 IPEF가 "협정이 아닌 서로 협력할 수 있는 플랫폼을 만드는 것"이기 때문에 "중국을 배제하는 게 절대 아니다"고 하나, 이는 레토릭(rhetoric)일 뿐이다. 중국이 참여하지도 않겠지만, 참여해 미국 주도의 질서를 흔드는 행위를 받아들일 리가 없다. 한·미정상회담 직후 토니 블링컨 미 국무장관은 "베이징이 바뀔 것이라고 믿을 수 없다"고 하면서 "미국의 비전을 발전시키기 위해 중국을 둘러싼 전략적 환경을 구축할 것"이라고 했다. 미국이 경제·안보 동맹을 통해 중국을 포위하겠다는 전략을 선포한 것이나 마찬가지다. 문제는 우리 경제다. 한국은 미국보다 훨씬 높은 경제 결속도를 중국과 가지고 있다. IPEF를 통해 대중국 수출통제가 이루어진다면 그 피해는 우리가 고스란히 떠안을 것이다. 무역량이 가장 많은 중국으로부터 한국의 경제와 산업이 받을 영향이 확실하다.

결론적으로 윤정부의 한·미정상회담 공동성명에는 한반도 평화를 위한 독자적인 전략을 찾아보기 어렵다. 미래지향적 남북관계의 전개 의지도 보이지 않는다. 한반도 평화와 비핵화를 실천할 현실적인 해법도 없다. 기존 남북·북미 합의는 무시된 채, 핵 확장억제 강화만 돋보인다. 강하게 압박하고 고립시켜 북한이 변하기만을 기다리는 합의이자, '글로벌 포괄적 전략동맹'으로 대중국 견제에 동참하는 공동성명이 되고 말았다. 어떤 정상회담 공동성명이 되었어야 했을까? 대북 정책과 한반도 평화를 위한 정책을 한국이 더 독자적으로, 보다 더 신축적으로 수행할 수 있는 여지를 남겨놓았어야 했다. 친미와 반미가 아닌, 대국과 소국 사이의 의존관계가 아닌 철저한 국익의 관점에서 미국을 상대했음을 인식할 수 있는 공동성명, 평화를 지향하는 외교, 진영 대결의 선택에서 벗어나려고 했던 의지라도 알 수 있는 그런 공동성명이었어야 했다.

(김영윤)

'담대한 구상'과 대북한 확증편향

 소통이 단절된 대북 관계에서 얻고 싶은 것이 있다면 어떻게 하는 것이 가장 좋을까? 제의를 하고 북한이 받아들일 때까지 기다리는 것이 가장 좋은 방법일까? 물론, 그것도 하나의 방법일 수 있다. 중요한 것은 북한이 받아들일 수 있는 제의여야 한다는 점이다. 그런 제의가 되려면 어떻게 해야 할까. 북한을 잘 알고 제대로 볼 수 있어야 한다. 그래야만 북한의 수용을 확신하며 기다릴 수 있기 때문이다. 북한을 잘 알고 제대로 본다는 것은 북한의 입장에서 볼 수 있어야 하는 것이다. 북한을 어떤 눈으로 보고 인식할 것인가도 매우 중요하다. 기울어진 눈으로 북한을 본다면 제대로 파악할 수 없다. 대북한 인식의 문제는 그리 단순한 일이 아니다. 북한에 대해서는 특히 '확증편향'에 사로잡히기 쉽다. 자신의 가치관, 신념, 판단과 부합하는 정보에만 주목하고 그 외의 정보는 무시하는 사고방식이 확증편향이다.

☑ 담대한 구상에 북한은 없어

지난 77주년 광복절에 윤 정부가 제시한 대북 '담대한 구상'은 한마디로 확증편향에서 비롯된 제의라고 할 수 있다. 제의의 상대인 북한이 어떻게 받아들일지를 무시한 채 제시된 계획이기 때문이다. 대북 '담대한 구상'은 북한이 "핵개발을 중단하고 실질적인 비핵화로 전환한다면, 국제사회와 협력해 북한 경제와 북한 주민의 삶의 질을 획기적으로 개선"할 수 있다는 제의다. 대규모 식량 공급과 함께, 발전과 송배전 인프라, 항만과 공항의 현대화, 농업 기술과 병원과 의료 인프라 현대화를 비롯, 국제 투자 및 금융 지원을 하는 것이 내용이다. 이 계획을 달리 표현하면 북한 체제유지의 근간인 핵을 경제지원과 맞바꾸자는 것이다. 북한은 이를 이미 일언제하에 거부했다. 북한으로서는 받아들일 수 없는 조건을 달았기 때문이다. 경제지원을 받기 위해 자신의 체제를 위험에 빠지게 하는 포맷으로 본 것이다.

말이 "핵개발을 중단하고 실질적인 비핵화로 전환한다면"이라고 하지만, 이를 받아들이는 순간부터 철저한 조사가 시작된다. 기존 핵의 장소와 프로그램은 물론, 현재나 미래 핵의 장소와 프로그램도 낱낱이 공개되어야 한다. 하나라도 의심 가는 장소가 있다면, 이를 끝까지 파헤쳐 해소해야 한다. 엄청난 시간이 필요하다. 그 바탕 위에 전개되는 "실질적인 비핵화"도 단순한 문제가 아니다. 개념 정의에서부터 문제가 터질 수밖에 없다. 갈등이 발생하면 협상 타결을 보장하기 어렵다. 설령 타결에 이른다고 해도 '실질적인 비핵화'에 이르는 과정은 지난할 수밖에 없다. 그동안 북한의 체제는 무장 해제되는 것이나 마찬가지다. 체제유지의 무방비 상태, 체제 유지의 마지막 보루라고 할 수 있는 핵으로는 체제유지가 절대 불가능한 구조가 되어 버리고 만다. 경우에 따라 경제적 지원도 제대로 담보 받지 못하는 상황에 직면할 수도 있다. 협상이 결렬되면 경제지원은 언제든지 중단하는 것으로 끝날 수 있지만, 일단 해체한 핵은 다시 원상태로 회복시키기는 상당히 어렵다. 북한 핵시설 위치는 알려지고 자칫 잘못하면 피격의 대상에 들어갈 수 있다. 체제 붕괴의 위험성에도 노출될 수 있다. 그러니 "핵개발을 중단하고 실질적인 비핵화로 전환한다면"이라는 조건을 북한이 수용하지 않는 것이다. 이런 점에서 보면 윤 정부 제의에 대한 북한의 대응은 한마디로 거칠 수밖에 없다. 북한 노동당 기관지인 노동신문은 '허망한 꿈을 꾸지 말라'는 제목의 김여정 명의의 담화를 게재하면서 남한의 '담대한 구상'에 대해 "검푸른 대양을 말려 뽕밭을 만들어보겠다는 것만큼이나 실현과 동떨어진 어리석음의 극치"라고 했다. 더 나아가 "북이 비핵화 조치를 취한다면이라는 가정부터가 잘못된 전제라는 것을 알기나 하는지 모르겠다"고 하면서 남한을 "절대로 상대해주지 않을 것임을 분명히 밝혀둔다"고 했다. 북한과 관련, 국제사회가 가장 큰 문제를 삼고 있는 것은 북한의 핵·미사일이다. 현 수준의 북한 핵·미사일이 그만큼 위협적인 것이기 때문이다. 북한은 그와 같은 위협을 무기삼아 존재하고 있다고 해도 과언이 아니다. 만약, 우리에게 가하는 북한의 위협을 해소하려고 든다면, 북한 또한 그를 통해 당면하는 체제유지 위협 또한 해소하려 할 것이 뻔하다. 북한의 체제위협 해소와는 상관없이 우리만 위협에서 벗어나는 것이 당연하다는 확정편향의 인식 위에 선다면 북한 핵·미사일 문제의 해결은 그 방향을 찾기 어려울 것이 분명하다.

☑ 남북간 불신 제거가 우선되어야

 남한 정부의 '담대한 구상'이 적실성을 갖기 위해서는 반드시 해야 할 일이 있다. 다름 아닌 남북한 사이의 불신을 먼저 제거하는 일이다. 북한이 '담대한 구상'을 일거에 배척하는 데에는 남한 정부에 대한 불신 때문이다. 불신은 상호 적대적인 행위와 밀접한 관련을 가진다. 남북관계가 적대적인데 무슨 '담대한 구상'이냐는 것이다. 대 북한 선제타격까지도 불사하고 있고, 한미 대북 핵 공조가 이루어지고 있는 상황에서 그와 같은 구상은 자신을 무너뜨릴 계략이 아니냐는 것이다. 김여정이 "오늘은 담대한 구상을 운운하고 내일은 북침전쟁 연습을 강행하는 파렴치한 이가 다름 아닌 윤석열 그 위인이다"라고 한 것은 이를 두고 한 말일 것이다. 따라서 남북이 먼저 불신을 제거하는 합의에 도달하는 것이 절대적으로 필요하다. 무엇보다도 먼저 북한은 핵·미사일 실험 중단을, 남한은 한미군사연습의 중단에 합의하는 것이 필요하다. 북한은 지난 수십 년 동안 한미연합훈련에 대해 격렬하게 반응해 왔다. 우리는 방어적 훈련으로 보지만 북한은 그렇게 보지 않는다. 자신의 지역을 점령하려는 연습으로 보고 있다. 북한의 핵무기 개발은 세계 최대 규모의 한미연합연습에 대한 대응의 성격이 짙다. 이는 다시 북핵 시설 파괴를 위한 연합훈련 강화로 유도했다. 「작전계획 5027」이 영변 핵시설 파괴 및 평양 점령까지 반영하고 있음은 이를 의미한다.

대북 전단지 살포도 불신을 증폭시키는 요인이다. 북한은 9·19평양 공동선언을 통해 전단지 살포를 중단하기로 했으나, 남한이 이를 지키지 않고 있는데 대한 불만이 크다. "경내에 아직도 더러운 오물들을 계속 들여보내며 우리의 안전 환경을 엄중히 침해하는 악한들이 북 주민들에 대한 식량공급과 의료지원 따위를 줴쳐대는 것이야말로 우리 인민의 격렬한 증오와 분격을 더욱 무섭게 폭발시킬 뿐"이라고 말한 것은 이를 두고 하는 말이다. 북한이 언급한 '더러운 오물'은 대북 전단 등을 뜻한다. 남북 관계를 변화시키지 않고, 적대적 관계로 일관할 것이라면 북한이 '담대한 구상'을 받아들이든 말든 상관없다. 그렇지 않고 그런 구상을 통해 남북한의 평화공존과 통일로 나아갈 것이라면 북한을 이끌어야 한다. 이끄는 주체는 정부다. 정부가 할 일은 무엇보다도 북한을 제대로 보는 것이다. 지금 윤 정부에게 필요한 것은 대북한 인식 전환이 아닐까? 확증편향에서 탈피해야 한다.

(김영윤)

'압도적으로 우월한 전쟁'을 준비하라고?

지난 수십 년 동안 남북관계를 들여다보면서 느끼는 것이 하나 있다. 그것은 "한반도에 전쟁은 안 된다"는 것이다. 이는 보수나 진보 진영을 막론하고 우리 모두의 마음에 굳건하게 자리 잡고 있는 믿음과도 같다. 문제는 그와 같은 절대 다수의 믿음이 딱 거기서 멈춰 있다는 것이다. "전쟁은 안 된다"는 것을 달리 표현하면 무슨 말일까? 평화를 지키고 사랑한다는 것이다. 그런데 평화를 지키고 사랑한다는 것이 마음만으로 될 수 있을까? 결코 아니다. 의지와 노력이 동반되어야 한다. 평화는 의지와 노력의 산물이다. 그런 의지와 노력이 일상으로 정착되어있는 것이 바람직하다. 하지만 우리에겐 그런 의지가 강하지 않다. 노력이 등한시 될 때도 많다. "설마"라는 심리가 작동하기 때문일까? "설마 전쟁이야 일어나겠어?"가 일상을 지배하고 있는 것 같다. 평화가 아닌 다른 일상에서도 이런 안이한 생각과 수없이 마주치게 된다. 최근 이태원 참사도, 과천 제2경인고속도로 방음터널 안 화재사고도 "설마 무슨 일 있겠어?"가 빚은 결과가 아닐까? 참사가 발생한 다음엔 소위 '뒷북'이라는 것을 친다. 이태원 참사 후 사람이 운집하는 곳에 경찰이 과도하게 배치되는 가하면, 과천 터널과 같은 방음터널을 전수 조사하는 것도 그런 것이다. 어디 그 뿐인가. 구랍 26일 북한 무인기 5대가 남한 상공을 날아다녔던 다음, 취했던 조치들을 보라. 지상 작전 사령부와 각 군단, 공군작전사령부, 육군항공사령부 등이 공동으로 소형무인기 대응 및 격멸훈련을 진행했다. 공군 KA-1 전술통제기와 아파치·코브라 공격헬기, 20㎜ 벌컨포와 단거리 지대공 미사일 '천마' 등 지상과 대공 무기들을 동원, 대대적으로 훈련을 벌였다. 전형적인 '원님 행차 뒤 나팔' 격이다.

☑ 남북관계에 감정 이입 안 돼

평화에 대한 믿음이 실천력을 가지지 못하는 것은 무엇 때문일까? 북한을 대하는 데 있어 감정이 앞서고 있기 때문이다. 평화정착이 중심이 되어야 할 남북관계에 감정이 심하게 이입되고 있기 때문이다. 이른바 보수정권에서는 더욱 그렇다. 북한이 하는 짓은 모두 잘못되었기에 그것을 바로잡아야만 한다는 생각이 강하다. 북한을 악(惡)으로 규정, 그 존재를 인정하지 않으려고 한다. 평화적 공존의 대상이 바로 북한임에도 그 존재를 한사코 인정하지 않으려고 한다. 북한과 공동번영하자고 하면서도 그들과 타협하는 것을 오히려 굴종으로 여기는 경향이 강하다. 북한 무인기 영공 침범 당시 대통령실은 국가안전보장회의(NSC)를 "NSC를 열 상황도 아니었고 열 필요도 없었다"고 했다. 대신 북측에 2~3배 무인기를 보내고 북한 무인기를 격추하라는 지시를 내렸다. 맞대응(Tit for Tat)만을 생각하는 감정적 차원에서 나온 조치다. 먼저 왜 그와 같은 상황이 초래되었는지 보다 깊게 들여다보는 것이 더 중요하지 않았겠는가.

2023년 새해가 밝았지만 남북관계에는 평화를 기대하기가 어렵게 되었다. 새해가 남북관계에서 가장 위태로운 미증유의 한 해로 점철될 것 같은 생각마저 든다. 평화 정착과 공고화를 위한 의지로 남북관계를 전개해도 부족할 판에 자존심 곤두세우기와 상호 군사적 위협만 난무하고 있기 때문이다. 남북관계의 미래비전은 사라진지 오래다. '담대한 구상'에 대한 정부의 설명 자료를 보라. 통일을 향한 장기비전과 이에 걸맞는 전략은 보이지 않는다. 대북 정책은 '통일·평화·번영'이 아닌 '비핵·평화·번영의 한반도'로 바뀌었다. 비핵만이 평화라는 생각이 들게 한다. 비핵이 곧 평화창출 수단의 하나인데 압도적 군사 우위를 바탕으로 북한의 비핵화만이 이루어내야 할 전부인 것 같다. "평화를 얻기 위해서는 압도적으로 우월한 전쟁 준비를 해야 한다"고 국정최고권자의 말은 평화보다는 전쟁의 공포를 더 느끼게 한다. "북한의 어떤 도발에도 확실하게 응징, 보복하라"고 하면서 "북한에 핵이 있다고 해서 두려워하거나 주저해선 안 된다"고 했다. 이미 평화를 포기한 말이나 다름이 없다. 갑자기 소름이 끼치고 무섭기조차 하다. 이것이 과연 우리가 가야만 할 길인지 묻고 싶다.

이대로 가다간 시쳇말로 '설마가 사람 잡을' 형국이 될 가능성이 농후하다. 실전을 방불케 하는 대규모 한미연합훈련이 예고되어 있는 가운데 확장억제 실행력 강화에 따른 미국의 전략자산 전개는 향후 더욱 활발해 질 것이다. 북한 핵미사일 위협을 가상한 실전 연습이 연중 전개되고, 최첨단 미사일 개발에도 속도를 낼 것이 분명하다. 고위력, 초정밀 타격 능력 향상을 위한 첨단기술 개발에 수많은 세금이 투입될 것이다. 북한 또한 핵 무력 고도화 질주를 계속할 것임은 두말할 필요가 없다. 그동안 북한은 핵 선제공격 법제화와 함께, 한·미·일 군사훈련 전개를 빌미삼아 전술핵 운용부대 훈련, 사상 첫 북방한계선(NLL) 이남 탄도미사일 발사, 화성-17형 ICBM 발사를 이미 고강도로 단행해 왔다. 지난 연말 전원회의에서는 "전술핵무기 다량생산"과 "나라의 핵탄 보유량을 기하급수적으로 늘일 것"을 2023년 핵무력 강화 정책의 기본 방침으로 정했다. 600㎜ 초대형 방사포를 앞에 두고 김정은은 "남조선 전역을 사정권에 두고 전술핵 탑재까지 가능한 것"이라고 공언까지 했다. 남한은 이에 뒤질세라 '북한 정권의 종말'을 공언한다. 그야말로 남북은 힘과 힘의 대결로 치닫고 있는 형국이다.

☑ 감정 앞세운 협박과 엄포 거두어야

남북 사이에 국지전이라도 나야만 정신을 차릴 것인가? 우리 국민이 남북관계에서 무엇을 그리 잘못했기에 전쟁발발의 공포 속에서 가슴조리며 살아야 하는가. 이것이 국민을 위해 존재하는 정부가 할 일인가? 당장 남북한 모두 감정을 앞세운 협박과 엄포성 표현부터 거두어라. 감정적 표현은 적대적 감정만 부채질할 뿐이다. 무엇보다도 대결적 상황을 진정시키는 냉철함부터 가져라. '전쟁은 안 된다'는 우리 국민 대다수의 신념을 실천으로 옮기는 첫걸음이 바로 이것이다. 북한의 비핵화에만 모든 것을 걸어야 한다는 생각은 전혀 전략적이지 못하다. 상대가 내 마음에 들어야만 내가 행동하겠다는 것은 하수(下手)가 하는 짓거리다. 상대가 내 마음에 들 수 있도록 유도하는 것이 고수(高手)다운 행동이 아닌가. 자존심 대결보다는 한반도의 평화를 먼저 생각하라. 전쟁이 나면 그동안 피땀 흘려 쌓아올렸던 모든 것이 무너질 수밖에 없다. 출입기자단 간담회에서 권영세 통일부 장관은 2023년 업무추진의 방향과 관련, 이렇게 말했다. "북한이 도발을 멈추도록 꾸준히 설득하며 남북당국 간 접촉이 시작되도록 만들 것이다." 더 나아가 "북한이 대화를 선택하고 당국 간 접촉이 이뤄질 수 있도록 제반 여건을 바꿔 나갈 것"이라고 했다. 제발 속빈 강정과 같은 말만 되풀이하지 말고 당장이라도 실천할 수 있는 전략을 만들어 제시하기 바란다.

(김영윤)

미국은 한국의 무엇인가?

한 국가가 주권국으로서 그 독립성을 가지고 있다는 의미는 무엇일까? 국제법상 '독립성'은 타국과의 관계를 자주적으로 체결할 능력을 갖추고 있음을 뜻한다. 하지만 대외 관계 체결이 조약이나 법률과는 무관하게 타국에 의해 외교 및 내정의 방향이 결정·구속되고 있다면 그 나라를 종속국(subordinate state)으로 칭할 수 있다. 반대편에서 종속시키는 국가는 종주국(Suzerain State)이다. 상대 국가의 외교정책이나 관계를 통제하면서 속방으로서의 내부 독자권을 갖는 나라다. 일반적 대외 관계가 아닌, 남북관계에서 미국은 한국의 어떤 나라인가? 종주국인가? 아니면 사대국(事大國)인가? 한국이 국제법상 미국의 피보호국이 아닌 것은 확실하지만 대북한 관계에 있어서만은 부용국(附庸國)이라는 인식을 떨칠 수 없다. 한반도와 대북한 군사 및 외교관계에서 미국이 한국을 관리하는 종주권(Suzerainty)의 지위를 행사하고 있다고 해도 과언이 아니기 때문이다. 이건 우리가 원해서일까? 아니면 국제정치적 관계에서 미국이 갖는 힘 때문일까?

☑ 대미 의존적 대북 관계 유지

문제의 심각성은 따로 있다. 한국 정부가 스스로 대미 종속적 자세를 취한다는 것이다. 보수 정권일수록 더 그렇다. 독자적인 권한을 행사하려 하기보다는 미국에 의존해서만 대북 관계를 유지하려고 한다. 그것을 흔히 '한미 공조'로 나타낸다. 문재인 정부 때는 대미 '빛 샐 틈 없는 공조'라고 했다. 윤석열 정부는 그런 관계에서도 균열이 났다고 하면서 한미관계의 '정상화'를 표방하고 있다. 그러면서 한미 공조에 담을 수 있는 모든 것을 담으려고 한다. 언필칭 '포괄적 전략 동맹'이다. 북핵은 물론, 경제도 안보로 포괄하고 있다. 미국을 만나도 굳건한 한미 공조를 위해서고, 회담을 개최해도 한미 공조를 위해서다. 회담을 끝내면 한미 공조에 이상이 없었다고 강조한다. 미국이 한반도에 대한 이해관계가 무엇인지, 무엇을 지향하고 있는지는 아랑곳없다. 한반도 핵 문제도 오로지 미국이 추구하는 완전하고, 증명할 수 있고, 되돌릴 수 없는 북한의 선 비핵화(CVID)만을 금과옥조로 받아들인다. 우리가 원하는 남북관계의 외교라는 것은 없다. 가장 중요한 대미 외교라는 것이 존재감을 보이지 않는데, 다른 대북 관련 외교가 있을 수 있겠는가. 마드리드 북대서양조약기구(NATO) 정상회담에 참가한 것 만해도 그렇다. "얼굴이나 익히고 간단한 현안들이나 좀 서로 확인하고 다음에 또 보자, 그런 정도 아니겠나 싶은데 만나봐야지 뭐"라는 표현이 스스럼없을 정도다. 기대하지도 않으니 준비할 필요도 없다는 것인가.

대미 종속을 강화하는 것을 미국으로부터 환영받을 일로만 인식한다면 잘못된 판단이다. 미국이 설정하는 기존의 한미관계를 부정하는 일이 될 수 있기 때문이다. 미국은 한미관계를 한국에 대한 정책적 환경과 방향 설정의 결과로 생각한다. 양자 간 상호 소통을 통해 이루어진 것이라고 본다는 의미다. 그런데 이를 부정하는 자세를 취하면 미국의 입장을 일방적으로 무시하는 처사로 치부될 수 있다. 윤정부의 앞 위 가림이 없는 대북 선제타격 발언에 미국이 동의하지 않은 것은 이를 방증하는 것이라고 할 수 있다. 윤 정부는 이에 대한 고려조차 없는 것 같다. 어디 그뿐인가. 대일관계 개선을 강하게 원하고 있다는 의지의 표현만으로 일본과의 관계가 변할 것을 기대하고 있는 것으로 보이나, 일본이 콧방귀 뀌듯 하는 것 또한 이와 맥을 같이한다. 상대방이 어떤 생각을 하고 있는지조차 파악하지 못하고 있으니 국민의 자존심은 상처만 받을 뿐이다. 다자외교에서 '왕따'가 되는 것도 한순간이다.

☑ 외교의 목표는 국익 실현에 두어야

　외교는 국가와 국가 간의 관계 생산이다. 대외 정책 자체를 뜻하기도 하지만, 대외 관계의 방법도 내포하고 있다. 외교의 목표는 단연 국익 실현이다. 자국의 이익 실현이 외교에서 가장 중요한 것이라면, 미국이 대한국 정책 결정 또한 그들의 이익을 위해서다. 미국의 이익과 한국의 이익이 항상 같이 갈 수 없다. 그렇다면 북한이 절대로 받아들이지 않는 비핵화 방식을 한국이 추종만 하는 것이 과연 한반도의 평화를 위해 반드시 가야만 할 길인지 한 번은 자문해 봐야 하지 않겠는가. 국익을 위한 우리의 외교에는 미국의 대북정책을 우리에게 유리한 방향으로 전환하고 유도하기 위한 다각적인 활동을 담아야 한다. 남북한 협력의 공감대를 확산하고 대한민국의 영향력을 높이는 방법을 개발·추진하는 노력에 미국이 동참할 수 있도록 하는 것이 외교일진대 우리는 그런 일을 하지 않는 것 같다. 오히려 미국의 국가이익에 편승하여 대북한 관계를 형성하려고만 한다. 한반도 평화와 남북관계가 모두 미국의 국익을 위해 존재하는 것 같다. 그것도 모자라 미국에 애걸하기까지 한다. 한국이 스스로 미국의 확장억제력 강화를 주문하고, 한·미연합 방위력 증강을 자청하고 있는 것이 이를 증명하는 것이 아닌가. 2018년 남북 및 북미 협상이 진행되면서 가동 중단된 한미 '확장억제전략협의체'(EDSCG)를 재가동해 미국 전략자산의 상시 순환배치와 전개를 자청하고 있는 것을 보라. 북한을 압도하는 세계 국방력 제6위의 한국이 왜 그런 요청을 자처하기까지 하느냐는 것이다. 그러면서 우리는 미국의 대북한 정책을 따르기만 한다. 바이든 정부가 출범하면서 트럼프의 대북정책을 추종하지 않겠다고 했다. 일괄타결(grand bargain)에 두지 않을 것이며, 전략적 인내에 의존하지도 않겠다고 했다. 한번 생각해보자. 만약, 바이든 정부가 그런 정책이 아닌 그 어떤 정책을 취했어도, 다시 말해 '전부 아니면 전무'(all or nothing)식 접근방식을 택했던 아니었던 정책의 유불리를 따지지 않고 반대 없이 수용하지 않았겠는가 말이다. 미국의 정책이 우리에게 절대 선이기 때문에 그런 것인가. 왜 우리는 미국 앞에서만은 대북한 외교권을 스스로 포기하려고만 하는가? 민족문제의 결정을 미국에 맡기고, 미국을 통해서만 결정하려 하는지 진지한 자문이 필요하다. 나토 정상회담 후 정부는 큰 성과를 거두었다고 자화자찬이다. 하지만 단 하나라도 새롭고 독자적인 우리 것으로 만들고 도출해 낸 것이 있었는지, 아니 그런 노력이라도 했는지 묻고 싶다. 손에 잡히는 독자 외교. 윤정부가 어떻게 구현할 것인지 이제부터라도 곰곰이 살펴보고 실천해야 할 화두다.

(김영윤 | 아주경제 2022. 7. 4.)

어떤 통일을 해야 할 것인가?

우리 헌법이 지향하고 있는 통일은 북한이 더 이상 존재하지 않는 통일이다. 형식면이나 내용면에서 볼 때 북한이 사라지는 통일이다. 그런데 생각해 보라, 이런 통일이 갑자기 이루어질 수 있겠는지? 북한이 사라져 이루어지는 통일이라면 두 가지 경우밖에 없다. 하나는 북한이 스스로 없어지는 것이고 다른 하나는 우리가 북한을 없어지게 하는 것이다. 없어지는 것은 북한이 스스로 붕괴하는 것이고, 없어지게 하는 것은 북한을 무력으로 무너뜨리는 것이다. 무력은 절대로 답이 될 수 없다. 헌법에 어긋날 뿐만 아니라, 현실적으로도 불가능하다. 그렇다면 남는 것은 북한이 자체 붕괴하는 것이다. 하지만 북한이 자체 붕괴하는 것을 기대하기도 힘들지만 붕괴되어서도 안 된다. 급작스런 붕괴에 따라 우리가 감당해야 할 경제·사회적 부담과 고통이 상상을 초월할 수 있기 때문이다. 북한이 붕괴해 남한 법이 적용되는 통일이 이루어진다고 상상해보자. 무엇부터 챙겨야 할까? 남한보다 월등히 가난한 북한 주민을 대한민국의 주민으로 수용하는 일이 될 것이다. 북한 주민 모두를 대한민국의 법과 제도로 대우해야 한다. 현행법과 제도면에서 볼 때 대부분의 북한 주민은 한동안 우리 사회의 기초수급대상자가 될 수밖에 없다. 그들에게 제공해야 할 기초수급액을 생각해 보라. 4인 가족으로 쳐 약 650만 가구에 1년 치를 해마다 기초수급액으로 마련해야 한다. 거기다가 북한 붕괴에 따라 필연적으로 발생하게 될 남북 주민간의 이질감은 어떻게 할 것인가 말이다.

☑ '사실상의 통일'부터 먼저 추진해야

이런 통일을 해서는 안 된다. '사실상의 통일'을 먼저 해야 한다. 법·제도적으로는 아니지만, 경제·사회적으로는 먼저 통일과 같은 상태를 만들어야 한다. 언제든 이산가족이 만날 수 있고, 하시라도 우편·통신이 가능해지는 상태가 사실상의 통일이다. 남북의 학생들이 서로 수학여행을 오갈 있는 상태가 되는 것이다. 그 뿐만 아니다. 다양한 경제협력의 이익을 얻으며 일자리를 만들어가는 것이 사실상의 통일이다. 통일 전 이런 상태를 이룬다면 법·제도적 통일은 오히려 더 쉽다. 아무 때나 하면 된다. 이재명 후보도 이와 같은 취지를 강조했다. 통일을 너무 정치적으로 접근하지 말고, 실리적으로 접근하자는 것이다. "통일 이전의 단계로 '사실상 통일' 상태를 추구해야 한다"고 분명히 말했다. 말 그대로 "장기적 목표로 통일을 지향하되, 중·단기적 목표는 교류와 협력, 공공번영을 지향하며 계속 교류·협력을 늘려가는 것"이라고 했다. 이 후보가 "통일이 쉽게 얘기하기 어려운 상태가 됐다"고 한 것은 법·제도적 통일이다. 이를 어느 일방이 당장 이루려고 하는 것이 현실적으로 어렵다는 이야기다. 이는 더불어민주당 강령이 제시하고 있는 "평화적인 방법으로의 통일을 추구"와 함께 한반도 평화통일의 과정에서 당연히 추진해야 할 "주변국 및 국제사회로부터 적극적인 지지"를 받는 통일외교 강화에도 어긋나는 것이 아니다.

☑ 통일로 가는 과정을 먼저 만들어내야

'사실상의 통일'은 통일의 과정으로서 우리가 반드시 견지해야 할 원칙이다. 독일 통일도 '사실상의 통일정책'을 바탕으로 이루어졌다. 서독 수상「빌리 브란트」가 추진한 '접근을 통한 변화'라는 새로운 동방정책이 동독을 실질적으로 인정하고, 꾸준한 교류협력을 가능하게 했기 때문에 통일이 이루어질 수 있었다. 그런 과정이 있었기에 동독 주민은 동독체제를 버리고 한사코 서독체제로의 통일을 원했던 것이다. '사실상의 통일'을 해야 한다. 통일 자체가 중요한 것이 아니다. 어떻게 통일하느냐가 중요하다. 통일로 가는 과정을 제대로 만들어내야만 한다. 통일을 포기하자는 것은 더 더욱 아니다. 더 바람직하고 더 쉬운 방법으로 통일을 하자는 것이다. 먼저, 도로가 열리고 철도가 다니는 상태를 만들어야 한다. 그래서 섬나라의 위치에서 벗어나야 한다. 무궁무진한 유라시아의 세계와 만나려면 먼저 연결해야 한다. 연결이 통일이다. 독일이 통일하기 전 외국인이었던 필자도 언제든지 마음만 먹으면 동독지역에 갈 수 있었다. 평화경제의 길이 바로 이런 길이 아닌가. 윤정부는 '사실상의 통일'을 대북정책의 기본으로 삼아라. '사실상의 통일'을 위해 자신의 모든 것을 걸어라. 분명히 할 가치가 있다. 결단하라. 남북관계를 위해 '사실상의 통일'을 내걸어라.

(김영윤)

새 정부에서 '한반도 데탕트'를 기대한다

2022년 5월 출범하는 차기 정부는 지정학적 충돌로 인해 위기가 고조되는 한반도 상황에 직면해야 한다. 미-중 전략경쟁이 심화되는 가운데 우크라이나 전쟁까지 발발했다. 중국과 러시아가 결속하면서 동북아의 냉전적 대립 구도가 재현되고 있어 남북관계가 더욱 어려울 것으로 전망된다. 하지만 이런 상황은 오히려 지정학적 대전환을 가져올 에너지의 축적 과정일 수 있다. 기존 '한·미·일 대 북·중·러'라는 냉전적 대립 구도를 깨뜨리고 새로운 시대로 나아가는 역발상 전략이 필요하다.

만약 보수정부가 남북관계를 개선하고 '한반도 데탕트'를 추진할 수 있다면 국민 의견통합에는 더욱 유리하다. 과거 미국의 보수적인 닉슨 정부가 먼저 중국과 손을 잡았고, 한국의 노태우 정부는 중·러와 수교하며 성공적인 북방정책을 펼쳤다. 지정학적 변화로 인해 기존의 냉전적 대립 구도를 유지하는 것은 이제 더 이상 한-미 동맹의 이익에도 부합하지 않는다. 북한에 대한 제재와 압박이 효과가 없다면 차라리 한-미 동맹이 북한을 포용하는 전략은 어떨까. 동북아 지정학의 대전환은 다음과 같은 방향에서 분위기가 무르익고 있다.

☑ 북한을 중·러로부터 떼어놓는 지정학 전략

첫째, 미국의 지정학적 전략 변화 필요성이다. 기존의 지정학자나 현실주의 전략가들은 미-중 전략경쟁에서 승리하기 위해 중국과 러시아를 떼어놓는 방안을 주문했다. 하지만 이제 우크라이나 전쟁으로 미-러 관계는 악화되고 중·러가 가까워지는 가운데 북한도 밀착하고 있다. 대만을 비롯해 미국이 다뤄야 할 문제가 점점 커지고 있는 상황이다. 한편 미국이 중국을 노골적으로 적대시하면서 과거 동북아에서 미국의 군사력 강화 명분으로 유용했던 '북한 악마화'가 더 이상 필요 없어졌다. 1970년대 미국은 중국과 데탕트를 이루고 소련과의 대결에 집중했듯이, 이제는 북한을 중·러로부터 떼어놓고 한·미 진영으로 끌어오는 '디바이드 앤드 룰'(Divide and Rule·분할통치) 전략을 검토해야 한다.

둘째, 기존의 북한 비핵화 전략은 사실상 실패했다. 북한 핵 능력은 고도화되고 보유 수량도 늘어났지만 이를 제어할 방안이 없다. 북한의 공격 능력을 완전히 파괴하기 어려운 상황에서 직접 타격하는 것은 사실상 불가능하다. 북한뿐 아니라 한·미가 입을 피해도 상상을 초월할 것이기 때문이다. 그렇다고 미국이 '전략적 무시' 또는 '전략적 인내'로 회귀할 수도 없다. 지난 3월 24일 북한이 시험 발사한 대륙간탄도미사일(ICBM)에 대해 유엔 안전보장이사회 규탄 성명을 채택하려던 것이 중국과 러시아의 반대로 무산됐다. 중·러의 협조가 필수적인 경제제재로 북한을 압박하겠다는 비핵화 전략은 이미 힘을 잃었다.

☑ 북핵은 '양날의 칼'이 될 수 있을까?

셋째, 북한 핵은 '양날의 칼'로 작용할 수 있다. 미국·러시아·유럽을 믿고 비핵화했던 우크라이나가 침공을 받았다. 이를 주시하고 있는 북한의 속마음은 어떨까. 이제 북한이 수용할 가능성이 거의 없는 '선비핵화' 조건에서 탈피해야 한다. 대신 핵을 가진 북한을 한·미 진영으로 당겨오면 그것은 양날의 칼이 된다. 핵이 없는 우크라이나가 유럽과 접근하는 것을 막기 위해 러시아는 무력을 사용했지만, 핵이 있는 북한이 한·미와 접근하더라도 중·러가 무력을 사용하기는 어려울 것이다. 즉, 핵 보유는 북한이 중·러로부터 자유롭게 독자적 의사결정을 하는 데 유리하게 작용할 수 있다.

비핵화 초기 단계에선 우선 한·미가 포용적 대북정책을 펼쳐서 북한이 중국에 의존하는 상태를 바꿔야 한다. 북한이 지난 70년간 중·러에 의존했던 것은 다른 선택지가 없었기 때문이다. 중국은 북한 경제를 전폭 지원해 성장 동력을 갖추게 하지 않고 그저 붕괴하지 않을 정도로 관리하면서 영향력을 극대화하려 한다는 점을 북한도 잘 알고 있다. 만약 북한이 국외 자본 투자를 받아 제2의 베트남과 같이 된다면 동북아 지정학 구도가 완전히 전환된다. 과연 한-미 동맹에 유리한 전략이 무엇인지 냉철하게 생각해야 한다. 동북아 지정학의 냉전적 대립 구도 해체는 바로 한반도에서, 북한에서부터 시작할 수 있다.

(민경태 | 2022. 4. 25.)

* 본 칼럼은 2022년 4월 19일(화) 한겨레신문에 게재된 내용입니다.

동북아 지정학과 남북 ICT 교류협력 가능성

제2차 세계대전 이후 미국은 지정학을 활용한 전략을 효과적으로 펼치면서 세계패권을 장악하고 유지해 왔다. 1970년대 미소냉전 시기에는 소련과의 대결에 집중하기 위해 공산국가인 중국과 데탕트를 이루는 결단을 내렸다. 1969년 닉슨 독트린에 이어 1972년 미중 국교정상화를 실현하는 이른바 '키신저 전략'을 추진한 것이다. 1990년대에는 중국 경제의 독주를 견제하기 위해 베트남 경제의 개혁·개방을 지원하는 전략을 시도했다. 1975년 베트남 전쟁과 공산화로 인해 관계가 단절된 지 20년 만에 1995년 미국이 베트남과 관계를 정상화하는 큰 변화가 일어났다. 이와 같이 미국은 때때로 국가 이익을 위해서는 이념과 가치를 초월하는 매우 혁신적인 지정학 전략을 펼쳐 왔다.

베트남은 한반도에 있어서 특별한 의미가 있는 국가이다. 비록 2019년 2월 하노이에서 열린 제2차 북미정상회담은 결렬되었지만, 북한과 미국이 베트남을 회담 장소로 선택한 것은 상징하는 바가 크다. 만약 북한이 제2의 베트남과 같이 변화할 수 있다면 동북아 지정학 구도에서 다시 한번 대전환이 일어나게 될 것이다. 하지만 한반도에서는 한국전쟁 후 약 70년 가까운 세월이 흘렀음에도 아직 북미관계 개선을 위한 해법을 찾지 못하고 있다. 그 바탕에는 미국의 동북아 전략상 현상 변화보다는 기존의 냉전적 대립구도를 유지하는 것이 유리하다는 판단이 작용하고 있다. 남북 관계가 개선되고 한반도에 평화가 도래한다면 동북아에서의 미국 군사력 유지를 위한 명분이 약화될 수도 있기 때문이다.

그런데 최근 우크라이나 전쟁을 비롯해 세계 여러 곳에서 지정학적 충돌 위험이 고조되고 미중 패권경쟁이 심화되면서 미국의 동북아 지정학 전략 변화 필요성이 대두되고 있다. 중국은 미국의 봉쇄에 대응하여 남태평양 섬나라 솔로몬제도와 안보협정을 맺는 등 돌파를 시도하고 있다. 앞으로 상당기간 중국이 미국의 군사력을 능가하기는 어렵겠지만 향후 5년이 지나면 중국 근해에서 만큼은 해군력이 역전될 가능성도 있다. 그런 상황에서 만약 대만에서 무력 충돌이 발생한다면 단순히 지역분쟁으로 머물지 않고 한반도 전쟁으로까지 연결될 수 있다고 군사 전략가들은 경고한다. 미국 입장에서 관리 대상지역이 여러 곳으로 늘어나고 전선이 확대되는 것은 불리하다. 동아시아에서 분쟁이 발생할 경우 군사력을 효율적으로 활용하기 위한 '주한미군의 전략적 유연성'을 실현하기 위해서라도 우선 북미관계를 개선하고 한반도 정세를 안정시킬 필요가 있다.

☑ '한·미·일 vs. 북·중·러' 대립구도를 깨는 대전환

북한 핵능력은 점점 고도화되고 있으나 이를 제어할 수 있는 마땅한 방안이 없다는 점도 문제다. 북한의 미사일 발사 시험에 대하여 유엔 안보리에서 규탄 성명을 채택하거나 추가 제재를 가하려는 시도도 중국과 러시아의 반대로 무산되었다. 중·러의 협조가 필수적인 대북제재를 통해 북한을 압박해 비핵화를 추진하겠다는 전략은 이제 더욱 성공할 가능성이 낮아졌다. 그렇다고 해서 북한의 공격 능력을 사전에 무력화시키는 '킬체인'과 같은 선제타격 방안은 군사적 대비책으로는 준비해야 하겠으나 이를 실제로 실행하기는 매우 어렵다. 북한의 핵능력을 완벽하게 제거할 수 없다면 보복 공격으로 인해 한반도에서 전면전으로 확대되고 비록 전쟁에는 승리한다고 해도 사실상 남북이 공멸하는 결과를 맞게 될 것이기 때문이다. 북한의 핵공격 능력이 낮은 수준이었을 때 미국이 적용했던 '전략적 무시'나 '전략적 인내'로 회귀할 수도 없는 상황이다.

이와 같이 한미동맹의 입장에서도 '한·미·일 대 북·중·러'라는 동북아의 냉전적 대립구도를 그대로 유지하는 것은 바람직하지 않다. 미중 패권경쟁이 심화되는 상황에서 북한을 활용한 지정학의 대전환을 모색할 필요가 있다. 아울러 전 세계적인 경제안보 위협에 대응하기 위한 방안으로 북한을 활용하는 전략도 검토할 수 있다. 중국을 대체하는 생산기지로서 북한에 새로운 역할을 부여하고, 북한의 자원과 노동력을 경제안보 차원에서 활용하는 것이다. 미국이 필요로 하는 첨단기술 분야에서는 한국이 주된 역할을 담당하고, 저기술 분야는 북한과 협력함으로써 중국에 대한 미국의 공급망 분리정책의 실효성을 높일 수 있다. 빈센트 브룩스 전 주한미군 사령관은 〈포린어페어스〉 기고를 통해 한국은 북한에 투자해 제품을 생산하고 이를 미국이 구매하는 남·북·미 협력방안을 제안하기도 했다. 북한이 보유한 지하자원과 희토류 개발에 한·미가 공동으로 전략적 투자를 추진할 수도 있을 것이다.

지난 5월 23일 출범한 '인도·태평양 경제 프레임워크(IPEF)'는 미국이 중국을 견제하고 경제블록 진영 내에서 안정성 있는 공급망 체계를 확보하기 위한 것이다. 미국은 여기에서 한국이 중요한 역할을 해 주기를 기대하고 있다. 반도체, 배터리, 인공지능, 친환경 녹색기술 등 핵심 분야에서 한국의 위상이 높아지면서 안보·경제·첨단기술·공급망을 망라하는 포괄적 글로벌 동맹으로 한미동맹의 성격도 확장되고 있다. 이런 상황에서 만약 남북한이 경제적 협력관계를 강화할 수 있다면 글로벌 경제안보 위협에 대응하는 새로운 전략을 구상해 볼 수 있을 것이다.

☑ 첨단기술 분야에서 북한의 경쟁력을 활용하자

베트남의 경우, 삼성전자의 휴대폰 공장만으로도 협력업체를 포함한 현지 고용인력이 한때 16만 명에 달하고, 생산액은 베트남 국가 전체 GDP의 20%를 차지했다. 베트남의 경제규모가 북한의 약 7배 수준인 것을 감안한다면, 휴대폰 공장이 북한에 세워졌을 경우 국가총생산이 2.5배나 단숨에 증가할 수 있음을 보여준다. 첨단기술과 자동화된 공정을 바탕으로 하는 반도체나 LCD 패널 생산시설을 북한에 도입하는 것은 고용유발 효과나 시장진출 목적에도 부합하지 않는다. 하지만 ICT 관련 전자제품 생산업종 중에서도 휴대폰 조립산업과 같이 많은 노동력을 필요로 하는 분야는 북한의 경쟁력을 충분히 활용할 수 있음을 베트남의 사례가 보여준다. 첨단 통신 시스템 분야에서도 HW 의존성을 낮추기 위한 OpenRAN 표준화가 추진되고 있다. 만약 남북한이 협력한다면 북한에서 생산된 통신장비를 전 세계에 공급하는 방안도 생각해 볼 수 있을 것이다.

미중 기술패권 경쟁이 심화되고 경제안보의 중요성이 증대되는 상황에서 동북아 지정학 구도를 전환하는 새로운 대북정책을 검토하는 것은 매우 중요하다. 현상 변화를 추구하는 전략이 아직 한·미의 외교안보 정책결정자들에 의해 유력한 대안 중 하나로 채택되지는 못했다. 하지만 현재 동북아의 지정학적 대립구도를 그대로 놓아두어서는 한미 동맹에 불리한 방향으로 상황이 전개될 수 있다는 점을 주목해야 한다. 국가 이익을 위해서는 이념과 가치에 얽매이지 않고 매우 유연한 지정학 전략 변화를 추구해왔던 미국의 입장에서, 그리고 무엇보다도 한반도에서 전쟁을 방지하고 평화와 번영을 확보해야 하는 한국의 입장에서도 현상 변화의 필요성은 높아지고 있다. 과거 미국의 보수적인 닉슨 정부가 매카시즘을 불식하고 중국과의 데탕트를 이루었듯이, 그리고 한국의 노태우 정부가 중·러와 수교하고 성공적인 북방정책을 펼쳤듯이, 매우 엄중한 시기에 출범한 한국 정부가 북한을 제2의 베트남으로 만들고 동북아 지정학의 대전환을 이루는 데 중요한 역할을 해낼 수 있기를 기대한다.

(민경태 | 2022. 7. 17.)

* 본 칼럼은 남북교류협력지원협회 웹진 '이음' 2022년 7월호에 게재된 내용입니다.

'담대한 계획' 실현 위해 담대한 접근 필요

정부는 2022년 5월 10일 대통령 취임사에서 "국제사회와 협력해 북한 경제와 주민의 삶을 획기적으로 개선할 수 있는 담대한 계획을 준비하겠다"고 표명한데 이어 7월 21일 통일부는 관계부처와 협업해 '담대한 계획'을 수립하고 있다고 대통령 업무보고를 통해 밝혔다. 특히 비핵화에 대한 상응 조치로서 경제지원뿐 아니라 북한 입장에서 안보 우려까지 고려하고, 선(先)비핵화 또는 빅딜식 해결이 아닌 비핵화와 상응 조치의 단계적·동시적 이행을 추진하겠다고 했다. 아울러 인도협력에 대해 비핵화와 무관하게 정치·군사적 고려없이 일관되게 추진하겠다고 한 것은 고무적이다.

하지만 아직까지 북한의 반응은 냉랭하다. 북한은 우리에게 줄곧 남북합의 이행과 남북관계 개선에 진정성이 없다고 비판해왔다. 즉 대화와 교류·협력을 제안하면서 동시에 한·미연합훈련을 하고 대규모 군비 증강에 나서는 것은 이중적 태도라는 것이다. 7월 27일 '전승절' 69주년 기념행사에 참석한 김정은 북한 국무위원장은 우리 정부를 강도 높게 비판하면서 "북한의 안전을 위협하고 군사적 긴장을 고조시키면 상응한 대가를 치르게 될 것"이라고 경고했다. 북한 핵·미사일 위협에 대응하기 위한 '한국형 3축 체계'에는 선제타격 방안인 '킬 체인(Kill-chain)'도 포함돼 있는데 이에 대한 비판도 빼놓지 않았다.

☑ 군사적 긴장을 완화하는 신뢰구축 방안

남북이 서로 위협적인 발언을 서슴지 않고 군사적 긴장을 고조시키는 것은 매우 위험하다. 특히 미·중 패권경쟁이 심화하고 지정학적 충돌 위기가 고조되는 상황에서 대만 해협에서 무력충돌이 발생한다면 한반도 전쟁으로 확대될 가능성이 높다는 것이 군사 전문가들 전망이다. 만약 좁은 한반도 땅에서 전쟁이 다시 일어난다면 최후 승자가 누가 되든 실질적으로는 남북이 공멸하는 결과를 초래할 것이다. 당면한 한반도 전쟁 위협을 방지하고 정부의 '담대한 계획'을 실현하기 위해서는 담대한 접근이 필요하다. 서로 적대시하던 상황에서 인도·경제 협력으로 전환되는 것은 결코 쉬운 일이 아니다. 단순히 경제적 지원이라는 미끼만으로 북한의 변화를 이끌어내는 것은 요원할 것이다. 따라서 군사적 긴장을 고조시키는 발언을 양측이 자제함과 동시에 신뢰 구축을 위한 전향적 노력이 필요하다.

먼저 북한이 필요로 하는 인도협력과 관련된 다양한 방안을 시도

해야 한다. 남북간 직접 전달이 쉽지 않다면 제3국이나 국제기구를 통해 의료·식량을 지원하는 것도 검토할 수 있다. 특히 북한이 관심 갖고 있는 지속가능 발전 분야에서는 국제사회와 함께 접근해 산림·식수·위생 협력을 추진하는 '남북 그린데탕트'를 고려해볼 수 있다. 아울러 북한 비핵화 과정을 빅딜식으로 하지 않고 단계적·동시적 상응 조치를 통해 추진하겠다는 정부 기조를 따른다면 남북의 군사적 긴장을 완화하는 데도 '군비통제적' 방안을 검토해볼 필요가 있다. 특히 비핵화 초기 단계에서는 우선 북한의 안전보장 방안 마련에 중점을 두고, 이후 단계에서 '남북공동경제발전계획' 등 미래 한반도의 담대한 비전을 남북이 함께 실현할 수 있을 것이다.

이와 같이 남북 대화 분위기를 조성할 수 있는 현실적인 의제를 제안하는 한편 기존에 남북이 합의한 사항을 이행하고 준수하는 노력도 병행할 필요가 있다. 민족 동질성 회복 차원에서 사회·문화 교류를 적극 추진하고, 우리가 먼저 언론·출판·방송을 개방해 상호이해와 공감대를 넓혀갈 필요가 있다. 당장 시작해야 할 것은 남북이 신뢰를 구축하고 서로를 대화 상대로 바라보기 위한 '담대한 접근'이다.

(민경태 | 2022. 8. 29.)

* 본 칼럼은 2022년 8월 22일(월) 농민신문에 게재된 내용입니다.

북한 핵보유 법제화에 어떻게 대응할 것인가

북한은 2022년 9월 8일 개최된 최고인민회의를 통해 핵무력 정책 관련 법령을 채택하고 절대로 핵을 포기하지 않을 것임을 공식화했다. 새로운 법령의 목적을 "핵무기 보유국들 사이의 오판과 핵무기의 남용을 막음으로써 핵 전쟁 위험을 최대한 줄이는" 것이라고 언급했지만, "전쟁 억제가 실패하는 경우 적대세력의 침략과 공격을 격퇴하고 전쟁의 결정적 승리를 달성하기 위한 작전적 사명을 수행한다"고 명시함으로써 전쟁이 발생할 경우 언제라도 핵무기를 사용할 수 있음을 선언한 것으로 볼 수 있다.

게다가 핵무기를 상대방의 핵공격에 대한 대응수단으로써 사용하는 것만이 아니라, "국가 핵무력에 대한 지휘통제체계가 적대세력의 공격으로 위험에 처하는 경우", "핵무기 또는 기타 대량살륙무기 공격이 감행되었거나 임박하였다고 판단되는 경우", "국가의 존립과 인민의 생명안전에 파국적인 위기를 초래하는 사태가 발생하여 핵무기로 대응할 수밖에 없는 불가피한 상황이 조성되는 경우" 등 상당히 포괄적으로 사용 조건을 언급했다는 점에 주목할 필요가 있다. 미국과 한국이 북한지도부를 제거하기 위해 추진할 수 있다고 알려진 '참수작전'을 포함하여 외부로부터의 다양한 위협 상황에 대해 북한이 선제적으로 핵을 사용할 수 있음을 밝힌 것이다.

지금 세계는 우크라이나 전쟁을 비롯해 지정학적 충돌 위협이 증대되고, 미중 패권경쟁 심화와 함께 대만 해협과 한반도에서도 긴장이 고조되고 있다. 문제는 한반도가 스스로 안정을 찾기도 쉽지 않은 상황에서, 만약 외부로부터 지정학적 갈등으로 인한 작은 불씨가 튀면 전쟁의 위기 상황으로 쉽게 전환될 수 있는 매우 위험한 곳이라는 사실이다. 우크라이나 사태를 바라보는 한반도의 입장에서는 결코 남의 일 같지 않다. 미국, 러시아, 유럽 국가들의 안전보장 약속을 믿고 비핵화 했던 우크라이나가 결국 무력 침공을 받고 전쟁 상황에 처한 것을 지켜본 북한은 이제 핵보유 법제화를 공식 선언했으며, 한국 일각에서는 자체 핵무장론이 본격적으로 제기되고 있다.

☑ 우려되는 한국 자체 핵무장론 부상

사실 그동안 한국의 핵무장론은 언급을 꺼리는 주제였다. 한국이 핵확산금지조약(NPT)을 어기고 핵무장을 추진할 경우 무역에 전적으로 의존하는 한국경제가 국제사회로부터의 제재를 받게 되면 감당하기 어려울 것이라는 전망이 지배적이다. 미국 입장에서도 동아시아의 핵확산 도미노를 야기할 수 있는 한국의 핵보유를 허용하지 않을 것이기 때문에, 한미동맹의 근간을 손상시킬 수 있는 핵무장론은 한국 정부 내에서 금기시되어 왔다. 따라서 과거 핵무장 필요성을 주장하던 목소리는 주로 북한에 대해 매우 강경한 대응을 주문하는 극히 일부에서 제기되는 것에 불과했다.

그런데, 최근에는 특정한 정치적 성향에 치우치지 않고 다양한 계층에서 핵무장 필요성이 제기되고 있다. 지난 9월 22일 서울대 통일평화연구원이 발표한 '2022 통일의식조사'에서 북한의 핵 포기가 불가능할 것이라고 응답한 비중은 92.5%에 달했으며, 이에 대응하기 위해 남한 핵무장에 찬성한다는 의견은 55.5%로 지난해보다 10% 증가했다. 이밖에 시카고국제문제협의회, 아산정책연구원, 사단법인 샌드연구소 등이 실시한 여론조사에서는 모두 우리 국민의 70% 이상이 핵무장에 찬성한다는 결과가 나오기까지 했다. 국민 여론은 북한의 비핵화가 현실적으로 어려울 것이라는 인식하에 그 대응방안으로서 자체 핵무장에 동조하는 비중이 점점 증가하고 있다고 보여 진다.

한국의 핵무장을 적극 추진하는 일부 진영에서는 주로 과거 진보진영의 대북정책 방향이었던 '한반도 평화와 번영'을 위해서라도 핵자강이 필요하다고 주장한다. 남북한이 모두 핵을 가진 상태에서 군사적 균형이 이루어져야 비로소 평화를 추구할 수 있다는 파격적인 발상이다. 이들은 이스라엘, 인도, 파키스탄 등도 달성한 목표를 우리만 이룰 수 없다고 생각하는 것은 지나친 패배의식이라고 비판한다. 비록 처음에는 미국이 한국의 핵무장을 반대할 수 있지만, 북한과 중국 모두를 억제하기 위해서 결국 받아들일 가능성이 높다는 것이다. 인도의 사례와 같이 한국이 핵보유국으로서 국제원자력기구(IAEA)의 안전조치를 준수하고 비확산 의무를 지킨다면 결국 NPT와 미국으로부터 예외를 인정받을 수 있다고 주장한다.

☑ 중대한 기로에 서있는 한반도의 미래

북한의 핵보유 법제화는 쉽게 돌이킬 수 없도록 비핵화로 돌아갈 수 있는 다리를 폭파해 버린 것과 같다. 그런 의미에서 이는 단순히 북한 핵의 위협이 과거보다 조금 더 증대된 상황이 아니라, 보다 중대한 전환기를 맞고 있다고 볼 수 있다. 앞으로 북한이 2019년 2월 하노이에서와 같이 '비핵화'와 '경제제재 완화'를 교환하는 협상 테이블에 다시 나올 가능성은 희박해졌다. 그동안 북한이 미국에 우선적으로 원하는 것은 적대관계를 청산하는 것이었지만, 이제는 추가로 핵보유를 기정사실화한 상태에서 안전 보장과 함께 핵군축 또는 군비통제를 협상 의제로 다루려고 할 것이다. 과거보다 그 조건과 대가가 훨씬 커진 것이다.

이렇게 변화된 북한을 상대로 한미동맹은 과연 어떠한 대응을 해야 할 것인지 이제 중대한 기로에 서 있다. 국제사회가 제제와 압박을 지속해 북한이 중·러에 밀착함으로써 동북아에서 '한미일 vs. 북중러'라는 기존의 냉전적 대립구도가 강화되는 것을 그냥 두고 볼 것인가. 아니면 북한의 핵 문제를 우선 덮어 두고서라도 북미관계를 개선함으로써 미중 패권경쟁에 임하는 미국의 전략적 입장에서 북한의 핵을 '양날의 칼'로 활용하는 지정학의 대전환을 시도할 것인가. 또는 한국에 자체 핵무장을 허용함으로써 대륙세력을 견제하는 동북아의 최전선으로서 역할을 강화할 것인가? 세 가지 방향 모두 쉽게 풀기 어려운 과제를 담고 있지만 곧 결정해야 할 시간이 다가오고 있다.

(민경태 | 2022. 10. 10.)

미·중 전략경쟁과 한반도의 위기

　미·중 전략경쟁이 심화하는 가운데 우크라이나·러시아 전쟁까지 벌어지면서 지정학적 충돌의 위험과 긴장이 전세계적으로 고조되고 있다. 미·러 관계는 악화되고 중·러 관계는 보다 밀착됨으로써 동북아에서 '한·미·일 vs 북·중·러'라는 냉전적 대립구도가 강화되고 있다. 이런 상황에서는 대륙과 해양을 연결하는 '교량' 역할을 담당함으로써 동북아 평화 번영의 허브가 되겠다는 한반도의 지경학(Geoeconomics) 전략을 실현하기가 매우 어렵다. 한반도를 둘러싼 급박한 정세 변화에 따라 우리의 미래 구상도 새로운 방향 모색이 필요한 시점이다.

　국제정치 전문가들은 미·중 전략경쟁이 앞으로 수십년간 지속될 것으로 전망한다. 즉 어느 한쪽이 상대방을 완전히 제압하거나 능가하지 못하는 상태에서 오랜 기간 서로 엎치락뒤치락하는 상태가 지속될 것이라는 얘기다. 이러한 미·중간 지정학적 갈등이 상대방의 본토를 직접 공격하는 '전면전'으로 확대될 가능성은 낮지만 문제는 우발적 충돌로 인한 '제한전' 또는 '국지전'이 발생할 가능성은 상존

한다는 점이다. 동북아에서는 그 지점이 대만 또는 한반도가 될 수 있기에 미·중 패권경쟁은 우리에겐 매우 심각하고 절박한 문제다.

☑ 진영 대립 강화와 우발적 충돌위험 증대

미국은 중국을 견제하기 위해 군사·경제·기술 동맹의 블록화를 추진하고 있다. 대륙 세력에 대응하는 해양 세력의 안보협의체 쿼드(Quad)를 가동하고 있으며, 최근 동해에서는 한·미·일 합동군사훈련이 진행되기도 했다. 올 5월 23일 출범한 인도·태평양 경제프레임워크(IPEF)는 인태지역에서 중국의 영향력 확대를 억제하기 위해 미국 중심으로 동맹과 파트너 국가들을 규합하고 있다. 보다 구체적인 산업별 전략인 '칩4' 동맹은 미국 주도로 한국·일본·대만 등 4개국이 중국을 배제하는 반도체 생산·공급망을 형성하기 위한 것이다.

다른 쪽에서는 이에 대응하기 위한 움직임도 활발해지고 있다. 9월 15일 우즈베키스탄 사마르칸트에서 열린 상하이협력기구(SCO) 정상회의에선 시진핑 중국 국가주석과 푸틴 러시아 대통령이 회담을 갖고 전략적으로 공조할 것을 강조하며 우크라이나 사태 및 대만 문제에서도 상호 교차 지지를 확인했다. 중·러 양국은 무역과 금융분야에서 협력을 확대하면서 이미 2019년부터 달러화 사용을 줄이기로 합의하고 교역의 약 25%를 위안화 또는 루블화로 결제하고 있다.

☑ 기존 방식을 뛰어넘는 과감한 접근 필요

여기에 더불어 북한은 2019년 2월 베트남 하노이 북미정상회담이 결렬된 후 한·미와는 대화를 중단하는 대신 중·러에 밀착하고 있다. 이에 호응해 중·러는 유엔(국제연합·UN)의 추가 대북 제재에 반대하고, 오히려 북한에 대한 미국의 대립적인 군사 행동을 비난하면서 미국 책임론을 제기하고 있다. 앞으로 중국은 미·중 대립이 심화할수록 북한에 물자를 공급하는 등 대북 제재를 무력화시킬 가능성이 높다. 또한 우크라이나 사태에서 노골적으로 러시아 편을 들고 있는 북한이 러시아 점령지역에 무기나 탄약, 인프라 복구 인력을 제공할 수 있다는 우려도 제기된다.

이와 같이 동북아에서 진영을 나눠 강대강 대립구도가 강화되는 것은 한반도에 매우 위험한 상황이다. 우리의 의지와 상관없이 지정학적 충돌의 불씨가 한반도 전쟁으로 쉽게 확대될 수 있기 때문이다. 특히 경제난으로 어려움에 처해 있는 북한이 핵 공격능력 고도화에 집중하고 있는 가운데 점점 궁지에 몰리면 몰릴수록 군사적 도발을 돌파구로 선택할 가능성이 높아진다. 이러한 동북아의 냉전적 대립구도를 깨뜨리는 새로운 전략 모색이 필요하다. 정부가 준비하고 있는 '담대한 구상' 실현을 위해 기존 남북관계 공식을 뛰어넘는 보다 과감한 접근방식이 요구된다.

(민경태 | 2022. 11. 21.)

* 본 칼럼은 2022년 11월 16일(수) 농민신문에 게재된 내용입니다.

윤석열 정부의 대북정책, 이산가족 상봉부터 시작하자.

90대 노모가 굽은 몸으로 상봉장에 들어서자마자 피난길에 생이별한 아들을 한눈에 알아봤다. 갓난아기는 어느덧 70대가 되었다. 노모는 망설임 없이 아들의 이름을 불렀고, 늙은 아들과 노모는 서로를 부여잡고 오열했다. 2018년 8월 금강산 남북 이산가족 상봉의 한 장면이다.

전쟁 통에 헤어진 어린 아들을 30여 년 만에 다시 찾은 어머니는 자식의 등을 쓸어 내리며 하염없이 울었다. 전쟁과 분단으로 헤어진 가족들이 다시 재회하며 얼싸안고 울부짖는 모습에 온 국민이 눈물을 훔쳤다. 1983년 어느 날, KBS 이산가족 찾기 방송을 어머니와 넋 놓고 지켜보면서 이 같은 비극이 결코 먼 이야기가 아닌 현실이라는 것이 답답했다.

1988년부터 2022년 3월 말까지 이산가족 신청자는 총 13만 3천 637명이다. 그중 8만 8천 349명은 돌아가셨고, 현재, 4만 5천 288명이 생존해 있다. 80세 이상의 고령자가 3만 504명으로 전체의 67%, 그중 90세 이상은 1만 3천 847명으로 전체의 30%를 차지하고 있다. 고령자 비중이 매우 높다. 이산가족 신청자의 기대수명을 고려할 때

대면 상봉은 앞으로 5년, 길어야 10년이 될 것 같다. 이산가족 상봉을 더는 지체해서는 안 된다.

2021년 말에 조사한 제3차 남북 이산가족 실태조사에 따르면 응답자 10명 중 8명은 북한 가족의 생사를 확인하지 못하고 있다. 생사를 확인한 소수의 응답자 중 상당수는 민간교류 주선단체나 개인에 의뢰 해서 북한 가족의 생사를 알게 되었고, 정부를 통해 알게 된 경우는 24%에 그쳤다. 이산가족 입장에서 대면 상봉이 최선이지만, 이것이 어렵다면 화상 상봉, 전화통화, 서신 교환, 친인척 사망 시 통보와 같은 차선책을 신속히 추진해야 한다.

남북 이산가족 상봉은 우리 정부가 보수 또는 진보라는 정파적 성향과 상관없이 추진되었다. 남북관계 발전의 촉매제가 되었고 한반도의 평화적 분위기를 조성하는 데 일조했다. 특히, 이산의 아픔을 겪고 있는 이산가족들에게 재회의 기쁨을 안기는 인도주의적 성과가 가장 컸다.

전두환 정부 시기인 1985년에 처음 시작된 이산가족 상봉은 문재인 정부인 2018년까지 21차례, 남북 양측 총 4천 290가족, 2만 604명이 그리운 가족을 만났다. 그리고 7차례의 화상 상봉으로 557가족, 3천 748명이 가족 친지와 상봉했다.

이산가족 상봉은 남북이 서로를 이해하는 첫걸음이라 해도 과언이 아니다. 남측이 북측으로 가든, 북측이 남측으로 오든 간에 다양한 인프라가 정비되어야 한다. 코로나 방역 대책. 고령자에 대한 응급의료 시스템, 남북연결 도로와 철도의 정비, 숙박 및 편의시설의 정비 등 많은 준비가 필요하다.

즉, 이산가족 상봉은 남북관계 전반에 있어서 교류와 협력을 확대하는 계기가 될 수 있다.

조 바이든 미국 대통령은 인권에 큰 관심을 두고 있다. 남북 이산가족 상봉은 인권과 인도주의 정신에 부합하는 것으로 명분상으로 볼 때 미국이 반대하기보다는 오히려 관심을 가질 수 있다.

이산가족 상봉행사는 대부분 금강산 등 북한지역에서 개최되었다. 북한이 상봉행사를 주도적으로 추진하다 보니, 행사준비에 대한 행정·경제적 부담이 클 수 있다. 당연하지만 향후 이산가족 상봉에 필요한 것은 남북이 분담해서 추진해야 한다.

러시아의 우크라이나 침공으로 세계가 어수선한 가운데 북한은 추가적인 핵과 ICBM 실험을 한다고 한다. 남북한이 정치·외교·군사적으로 날카롭게 대립하더라도 물밑으로 대화할 수 있다. 남북 이산가족 상봉은 인류애와 민족적 관점에서 남북 대치와 무관하게 실시해야 한다.

새로운 윤석열 정부가 곧 시작된다. 과거 정부로부터 좋은 정책은 계승하고, 실패한 정책은 철저히 점검해야 한다. 헤어진 혈육들이 눈물로 재회할 때 분단된 한민족의 아픔은 치유되고, 한반도의 평화와 남북 협력의 시대가 성큼 다가올 것이다.

(박용석 | 2022. 4. 16.)

우리의 소원

우리의 소원은 통일
꿈에도 소원은 통일
이 정성 다해서 통일
통일을 이루자

이 겨레 살리는 통일
이 나라 살리는 통일
통일이여 어서 오라
통일이여 오라

"우리의 소원"은 좌우익의 충돌이 극심했던 1947년 미·소 군정기에 안석주 선생이 작사했고, 그의 아들인 안병원 선생이 곡을 붙였다. 이 노래는 3.1절 특집 라디오 아동 뮤지컬인 "독립의 날"의 주제곡으로 발표되었다. 처음에는 "우리의 소원은 독립 / 꿈에도 소원은 독립"이었다. 1948년 대한민국 정부가 수립되고, 6.25 전쟁을 거쳐 남북의 분단이 굳어지면서 통일을 염원하며 "우리의 소원은 통일"로 가사가 수정되었다.

1989년 평양 세계청년학생축전에 참가한 임수경 씨에 의해 이 노래가 북한 주민들에게 널리 알려졌다고 한다. 남한에서는 "우리의 소원"이라는 제목으로 "이 정성 다해서 통일, 통일을 이루자"라고 하는데, 북한에서는 "우리의 소원은 통일"을 제목으로 "이 목숨 다 바쳐 통일, 통일을 이루자"로 개사하여 불렸다고 한다.

2000년 남북정상회담 당시 김대중 대통령과 김정일 위원장이 남북공동 선언문에 서명한 후 남북한 수행원 모두가 손을 잡고 함께 불렀다. 남북이 함께하는 공연에서는 "우리의 소원"이 빈번히 연주되면서 남북의 통일을 상징하는 노래가 되었다.

북한이 핵과 대륙간탄도미사일 실험을 강행하면서 국제사회의 대북제재가 강화되고 남북한 간의 정치·군사적 긴장 관계가 고조되자 북한은 이 노래를 금지곡으로 지정했다고 한다. 보도에 따르면 김정은 위원장은 "우리의 소원은 통일이 아니라 강성대국"이라고 했다.

이 곡을 작곡한 안병원 선생은 "이제 이 노래를 그만 불렀으면 좋겠다"라고 했다. 통일이 되어 분단의 상징인 이 노래를 그만 불렀으면 하는 바람이었다. 하지만 그는 통일을 보지 못하고 소천(召天)했다.

"우리의 소원"은 1947년부터 지금까지 무려 70여년간 우리 민족이 통일의 염원을 담아 애창하고 있다. 그런데 지금의 남북관계는 민족의 염원과는 거리가 있어 보인다. 최근 북한은 준중거리 탄도미사일을 발사했고, 고체엔진 대륙간탄도미사일의 엔진 시험을 했다. 또한 핵실험을 준비한다는 보도가 이어지고 있다. 이에 대응해서 미국의 F-22 스텔스 전투기, B52 전략폭격기 등이 한반도 인근에 전개하는 한미연합훈련이 시행되었다.

남북이 정치·군사적으로 날카롭게 대치하는 상황에서 통일을 이야기하는 것은 정말 어색하다. 젊은 세대를 중심으로 굳이 통일보다는 남북이 평화롭게 공존하기를 선호한다고 한다. 현실적으로 남과 북은 독자적인 국가로 존재하고 있다. 상호 체제에 대한 부정적 논쟁을 피하고, 막대한 통일비용을 지급하지 않으며, 사이좋은 이웃으로 공존할 수 있는 한반도 2국가 체제로 가자는 주장도 있다.

정말 우리의 소원은 통일인가?, 맞다! 우리의 소원은 통일이다. 현실적인 어려움은 있겠지만 포기해서는 안 된다. 통일이 우리 민족에게 어떤 의미가 있고, 안보·경제적으로 얼마나 중요한지 모두 알고 있다. 분명한 것은 통일은 한반도의 모든 사람에게 큰 축복이 열리는 통로가 될 수 있다.

통일을 향한, 한반도의 항구적인 평화와 번영을 위한, 한반도의 미래에 대한 구체적인 비전을 마련해야 한다.

2022년을 뒤로 하고 2023년 계묘년(癸卯年) 검은 토끼의 해가 열린다. 토끼는 예로부터 영리한 동물로 번창과 풍요를 상징하다. 2023년은 남북이 영리하게 한반도에 평화를 정착시키고 통일의 기점이 되는 해가 되길 기도한다.

이 겨레 살리는 통일, 이 나라 살리는 통일, 통일이여 어서오라.

(박용석 | 2022. 12. 26.)

인공지능이 바꿔놓을 남북경협 패러다임

미국 'Open AI'社가 2022년 11월에 공개한 대화 전문 인공지능 'Chat GPT(Generated Pre-trained Transformer)'가 큰 주목을 끌고 있다. 최근에 발표된 GPT-4 버전은 인간의 시냅스 수와 비슷한 수준인 100조 개의 매개변수를 갖추면서 인간과 구별하기 어려울 정도로 자연스러운 대화를 제공한다. 수백만 개의 웹페이지로부터 사전 학습을 하면서 훈련되었기 때문에 다양한 분야에서 전문가 수준의 지식을 제공할 수 있다. 지식정보 전달만이 아니라 창의적 아이디어에 대한 답변과 기술적 문제의 해결방안도 제시하는 등 대화 가능 주제가 매우 광범위하다.

최근에 필자가 직접 경험해 본 'Chat GPT'와의 대화는 신기하다는 느낌을 넘어서서 매우 충격적이었다. 앞으로는 전혀 새로운 세상이 펼쳐질 것이라는 기대감과 함께 두려움이 느껴지는 묘한 기분이 들었다. 마치 영화 '매트릭스(Matrix)'에서 묘사되었듯이 전 지구가 하나의 전자뇌로 곧 연결될 수 있을 것 같다. 이제까지 인류 역사상 어떤 지식인 집단도 해내기 어려운 수준의 정보검색과 분석능력을 갖

춘 거대한 전 지구적 인공지능의 탄생을 우리가 지금 지켜보고 있는 것이다.

인공지능이 발전시킨 언어 모델은 이제 단순한 번역이나 해석 분야에서 인간을 이미 초월했다. 게다가 방대한 학습을 통해 구축한 데이터를 활용하기 때문에 조사 업무의 방식을 완전히 바꿔놓을 수 있다. 앞으로 인간은 어떤분야에서 인공지능과 차별화되는 능력을 발휘해야 할까. 과거엔 농업적 근면성과 성실함도 학문의 분야, 특히 글로 작성되는 산출물을 내는 지적노동 영역에서는 상당히 필요한 자질이었다. 하지만 이제부터는 완전히 다른 세상이 펼쳐질 수 있다. 결국 인공지능과 차별화하기 위해서는 기존 자료에서는 찾을 수 없는 컨텐츠 또는 새로운 문제해결 방식에 집중해야 하지 않을까.

물론 이미 과거에도 인공지능으로 인한 사회변화가 예측되어 왔다. 하지만 불과 5년 전만 해도 대다수의 인류가 예측했던 변화 방향과 최근의 발전 방향은 엄청난 차이가 있다. 흔히 인공지능 기술이 주로 단순 노동을 우선 대체할 것으로 예상했지만 최근 인공지능의 발전 방향을 감안하면 지적 노동에 더 큰 영향을 미칠 것으로 보인다. 이를테면 의료, 법률, 금융, 언론, 교육, 예술 등 다양한 분야에서 인공지능이 활용이 확산되면서 전문가들의 일자리가 위협받을 수 있다는 전망이다.

갑자기 이렇게 예상을 초월한 엄청난 발전이 가능해 진 것은 데이터와 컴퓨팅능력의 폭발적인 증가 덕분이다. 이를 바탕으로 인공지능은 방대한 학습을 할 수 있었고, 더욱 정교한 알고리즘을 개발하고 인간의 지적 노동을 대체하는 수준까지 오게 된 것이다. 인공지능 연구자들은 인간의 뇌 구조와 인지 과정을 모방하는 딥러닝(Deep Learing) 기술을 개발해서 인간의 지적 능력을 흉내 내는 데 성공했다. 인간의 물리적 운동능력을 모방하는 로봇보다 인간의 지능을 모방하는 분야가 더욱 빠르게 발전하고 있다.

이러한 변화는 조만간 전 세계 인류의 삶과 산업구조 전반을 크게 바꿔놓을 것이다. 앞으로 우리가 준비해야 할 한반도의 미래를 위해서도 변화 방향에 주목해야 한다. 남북 경제협력의 패러다임에도 대전환이 일어나고 새로운 차원으로 발전할 수 있다. 4차 산업혁명과 함께 인공지능이 활발하게 사용되는 시대에서는 과연 어떠한 방식으로 남한과 북한이 협력해야 할까. 기존 경제협력 방식의 한계를 극복하고 한반도의 새로운 성장 동력을 어떻게 확보할 수 있을 것인가.

인공지능 시대에 남북 경제협력의 새로운 방향을 모색하기 위해서는 인공지능, 남한, 북한 등 3자의 효율적 분업구조를 구상할 필요가 있다. 즉, 인공지능이 인간보다 훨씬 뛰어난 영역에서는 남북한의 인력을 투입하지 말고, 남북한의 특성에 따라 인간의 능력을 차별화 할 수 있는 분야를 발굴할 필요가 있다. 한반도와 경쟁하는 다른 나라들도 인공지능을 적극 도입할 것이기 때문에, 국가 경쟁력을 유지하기 위해서는 인공지능에 비해 비효율적인 분야를 가능한 축소해야 한다.

특히 정보 처리와 지적 노동 분야에서 인공지능이 지식노동자의 역할을 대체하게 될 것이다. 따라서 관련 분야에서 단순 공정을 다루는 지식노동자의 역할축소를 예상할 수 있다. 하지만, 지적 노동 분야에서도 프로젝트의 전체 과정을 설계하고 운영하는 고급 관리자는 여전히 필요할 것으로 예상된다. 서비스업 분야에서도 정보 처리와 관련된 단순 업무는 인공지능으로 빠르게 대체될 수 있다. 하지만, 물리적 서비스와 함께 인간 감정이 수반되는 영역에서는 다르다. 예를 들어 북한 관광산업에서 단순 안내 및 정보 전달 업무는 전자기기와 인공지능으로 대체 가능하지만, 관광객과 함께 현장을 안내하면서 감성적 교류를 포함하는 서비스를 제공하는 영역에서는 아직 인공지능으로 대체가 쉽지 않다. 제조업 분야에서는 남북한의 새로운 분업구조 조정이 필요하다. 인공지능과 로봇의 발전에 따라 자동화 수준이 급속히 진행되고 있으므로, 과거 방식대로 북한 노동력의 임금 경쟁력에 의존하는 남북 경협 모델은 지속가능하지 않기 때문이다.

이제 남북한 경제협력 모델도 진화해야 한다. 남북 경제통합을 통한 미래 한반도의 경제발전 전략을 구상하기 위해서는 미래 산업구조 변화를 예측하고 이에 적절하게 대응할 수 있는 전략, 즉 미래 변화를 선점하는 전략이 필요하다. 과거와 같은 개발도상국 발전 방식을 북한에 적용해서는 남북한의 경제가 통합이 된다고 하더라도 제대로 시너지 효과를 내기 어렵다. 4차 산업혁명과 인공지능의 시대가 가져올 새로운 남북경협 패러다임을 이해하고, 이 거대한 전환에 대비할 수 있는 한반도의 미래 전략 구상이 필요하다.

(민경태 | 2023. 3. 26.)

3

북한 인프라 비전

단천발전소 건설공사에 주목하는 이유

평양 돈주들의 아파트 투자는 성공했을까

김정은의 동서대운하, 배가 백두대간을 넘어갈까

북한의 동서해 대운하 건설 배경과 추진전략

자전거 도시, 평양의 재발견

중동 건설특수, 남북합작의 묘수는 없을까?

남북의 철길, 대륙으로 뻗어가는 날

북한 건설인력 훈련센터를 만들자!

북한 대운하 건설과 평양 주택건설

한반도개발기금 조성 제안

북한 인프라 건설 타당성 분석에 대한 남북 공동 제안

해금강호텔의 안타까운 최후

평양의 다리

대동강 본류에는 다리가 6개 밖에 없다.
❶ 청류교 ❷ 능라교 ❸ 옥류교 ❹ 대동교 ❺ 양각교 ❻ 충성의 다리

단천발전소 건설공사를 주목하는 이유

남북경협 재개에 대한 전망은 여전히 불투명하다. 그래도 낙관도, 지레 포기도 금물이다. 현재로선 경협 재개를 위한 준비, 즉 정보 수집이 최선이다. 남북경협 분야에도 우선 순위가 있다. 낚시꾼도 낚싯대를 아무 데나 드리우지 않듯, 경제 낚시꾼 역시 월척이 기대되는 포인트를 찾아야 한다. 단천 발전소 건설공사에 주목해야 하는 이유가 바로 그것이다.

단천 발전소는 2021년 7월 현재에도 건설 중이다. 공식 발표로는 발전용량 200만kw로 원자력발전소 2기와 맞먹는 규모다. 1단계 건설공정은 어림잡아 80%쯤 이루어졌다. 당초 1차 준공은 2020년 10월이었지만 속절없이(?) 미뤄지고 있다. 어떤 전문가는 단천 발전소가 용두사미로 끝날 것이란 섣부른 주장을 하기도 한다. 하지만 속단하기는 이르다.

단천시는 조선 시대 단천 은광으로 유명했던 곳이다. 16세기 초반, 연산군 시대 연은회취법(鉛銀灰取法) 개발의 본고장이기도 하다. 연은회취법이 일명 '단천연은법'으로 불리는 이유다. 납을 이용하여 은광석에서 은을 분리해내는 기술은 당시로선 국제적인 특허감이었다. 하지만 시대착오적인 조선의 위정자들은 상공업을 말업(末業)으로 천대한 나머지, 그 비법이 고스란히 일본으로 넘어가 버렸다. 그 덕에 일본의 이와미은광(石見銀山)은 순식간에 세계 최대 은광으로 등극했다. 일본산 은(銀) 수출 루트는 '실크로드'에 버금가는 '실버로드'가 되었다. 일본의 은이 일본 근대화의 종자돈(seed money) 역할을 톡톡히 했다.

단천에는 검덕광산, 대흥광산, 룡양광산 등이 있다. 철광석은 물론, 마그네사이트, 아연, 은 등의 주산지이다. 2007년 남북교류협력지원협회가 발간한 북한 지하자원 공동조사 보고서에는 단천이 4차 산업혁명 시대 각광 받을 수 있는 희귀광물의 보고로 명시되어 있다. 북한 정권의 잠재적 달러박스! '이와미은광'으로 평가할 만하다. 주변 도시들도 손색이 없다. 단천시 북쪽으로 김책시-청진시-나선시가 있고, 남쪽으로는 신포시-함흥시-원산시가 있다. 잘 알려져 있듯 신포·금호지구는 KEDO 경수로 건설공사가 중도 포기됐던(2006년) 지역이다. 이 정도만으로도 단천 발전소의 기대 효과를 알 수 있다.

단천 발전소는 유역변경식 수력발전소다. 압록강으로 흘러갈 강물의 물길을 돌려 동해 쪽으로 보내 전기를 생산한다. 1단계 건설공사의 핵심은 양강도 혜산시 삼수댐에서 함경남도 단천시까지의 160km 물길굴 공사다. 개마고원, 마천령, 부전령 등 해발 700~2000m 고산지대 아래로 도수터널(물길굴)을 만드는 것이다. 산악지역이라는 열악한 환경에다 자동굴착장비 TBM(Tunnel Boring Machine) 없이 재래식 굴착 장비로만 하는 공사로 엄청난 도전이다. 그럼에도 북한의 공병부대는 '자력갱생' 구호 아래 쉬지 않고 돌격전을 벌이고 있다. 그들의 희생에 경의를 표하면서도 한편으론 안타까움을 금할 수 없다. 인간 두더지로 변한 그들의 희생은 누가 어떻게 보상해 준단 말인가.

유역변경식 발전은 아전인수(我田引水)의 현대판이다. 압록강 물길을 동해 쪽으로 일방적으로 돌렸기 때문이다. 그 결과 중국이 제동을 걸고 나섰다. 북한은 중국 측의 반발을 달래기 위해 계단식발전소도 당초 8기에서 6기로 축소했다. 장진강과 가림천의 언제(댐)도 취소할 거라고 한다. 중국 측의 항의는 '성동격서(声東擊西)'의 혐의도 느껴진다. 중국은 그동안 단천탄광 개발 투자에 지원했는가 하면, 단천항 확장 및 개보수공사에도 주도적으로 참여해왔기 때문이다.

단천 발전소는 이미 김정은 정권의 사활이 걸린 프로젝트가 되었다. 준공은 시간문제일 뿐 용두사미가 될 우려는 결코 없어 보인다. 인프라 개발 측면에서 볼 때, 단천 발전소는 이제 시작이다. 준공과 함께 도로, 철도, 공항, 항만 등 교통 인프라 개발도 속속 이어질 것으로 보인다. 우리 건설업계는 물론 경제인의 관심을 촉구한다.

(박원호 | 2021. 7. 8.)

평양 돈주들의 아파트 투자는 성공했을까

- 구대명 지음, 『거품』을 읽고

평양의 중구역은 본래 북한 고위층의 주거지였다. 그런데 요즘 들어 돈주들(민간 자본가)의 유입도 서서히 늘고 있다고 한다. 물론 고위층이란 권력 실세들이고, 돈주들은 소위 보따리 무역상 출신으로 단기간에 부를 축적한 민간인 부유층이다. 놀라운 사실은 평양 중구역의 노른자위 땅에 돈주들끼리 투자금을 모아 아파트를 건설한다는 말이 공공연히 떠돌았다. 이 말에 대해 북한 전문가들은 어떤 반응을 할까? 십중팔구 다음과 같을 것이다.

'평양 한복판에 돈주들이 아파트를 지어 분양한다고?' '무슨 뚱딴지같은 소리야?', '돈주들이 주도한 건 아니고, 노동당에서 주도하고 돈주들은 공사비를 일부나마 댔겠지…'

이 책 『거품』에는 평양 중구역에서 돈주들의 돈으로 아파트 공사를 벌인 이야기가 생생하게 펼쳐진다. 마치 다큐멘터리 영화를 보듯 현장감이 있었다. 저자 구대명은 북한 보위부 운전수 출신으로 2016년 말에 탈북한 인물이다. 평양에서 35층짜리 살림집 건설을 주도했던 장본인이다. 대다수 탈북민들이 자본주의 사회에 적응하기도 어려운 기간에 책까지 냈으니 놀랍다.

이 책 『거품』은 2권짜리지만 시작하자마자 끝까지 읽었다. 1권은 보위부 운전수로 군복무를 하던 시절 이야기이고, 2권은 평양 중구역에서 4층짜리 낡은 아파트를 해체하고 그 자리에 새 아파트를 건설하는 이야기이다. 이 책을 통해 평양에 대한 편견이 상당 부분 갱신되었다. 평양시민의 주거 환경과 평양의 살림집 건설방식에 대해 대표적인 몇 가지를 간추려 소개한다.

첫째, 평양 중구역의 4층 이하 대다수 살림집은 재개발이 절실하다.

평양 중구역은 고위층 주거지이지만 40년 이상 노후 주택들이 태반이다. '난방이 전혀 보장 되지 않는 평양의 아파트에서의 겨울은 지옥과도 같은 것이다'.(위의 책 13쪽).

2012년 김정은 집권 이후 장성택이 주도하여 10만 세대 건설공사를 벌였지만 중도에 흐지부지되고 말았다. 그 원인은 2013년 장성택이 처형당함으로써 2만 세대 건설로 중도에 그치고 말았다. 김정은 정권은 2021년부터 5만 세대 살림집 건설에 박차를 가하는 중이지만 노후 주택단지의 재개발은 외면하고 교외지역에 대단지 신축공사를 벌이고 있다.

둘째, 당원으로 인맥도 있고 돈주 동원 능력만 있다면 아파트 재개발을 할 수 있다.

저자는 보위부 출신으로 무역회사 대표가 되었고, 두터운 인맥을 활용하여 살림집을 짓는다. 해당 부지는 중구역 동안동에 4층짜리 낡은 아파트를 헐고 마련한 땅이었다. 돈주들을 암암리에 설득하여 투자비를 마련한 뒤, 설계에서부터 시공에 이르기까지 추진과정을 보여준다. 단계마다 문제들이 발생하지만 그 해결 수법도 순전히 편법이었다.

셋째, 단계마다 뇌물이 없이는 다음 공정으로 나아갈 수 없다.

북한에서는 민간인이 돈주를 동원하여 살림집을 짓는 자체가 엄연한 불법이다. 하지만 주택난이 극심하다 보니 당국도 이 편법을 눈감아주는 형편이다. 검열에 걸릴 때도 뇌물만 적절히 활용하면 만사형통이다.

넷째, 건설 인력은 군부대를 동원하고 인건비는 대물 처리한다.

설계는 암암리에 국가기관인 백두산설계사무소에 의뢰한다. 설계원들은 용돈벌이를 위해 기꺼이 설계해준다. 건설공사는 공병부대에게 하도급을 주고, 철근과 시멘트 등 건설자재는 국영 건재회사를 동원한다. 인건비와 자재 대금은 대물, 즉 아파트 몇 개 동을 대가로 제공한다. 북한 사회에서는 상상 초월의 일들이지만 그래도 고무적인 시도가 아닐 수 없다. 음성적인 자금을 양성화하는 동시에 노후단지를 민간 주도로 재개발하는 모범 사례이기 때문이다.

다섯째, 건설공사 과정이라도 중앙당의 노력 동원 명령은 거부할 수 없다.

'사장 동무, 중앙당에서 세포등판기지를 건설하는데 ○○회사에서 살림집을 건설해 줘야겠소!' 설령 아파트공사가 준공을 목전에 두고 있다 하더라도 예외가 없다. 중앙당 명령은 곧 최고 존엄의 명령으로 간주되고 거부할 시 목숨을 걸어야 한다.

저자는 끝내 살림집의 완공을 보지 못한 채 탈북을 하고 만다. 탈법과 뇌물의 난관은 슬기롭게(?) 헤쳐 나왔으나 마지막 관문은 끝내 넘지 못했던 것이다. 마지막 관문이란, 시도 때도 없는 중앙당의 국책공사 지원 명령이었다. 결론적으로 평양의 민간 건축시장, 돈주들의 투자 성공담은 파란 싹이 돋는 듯했으나 떡잎을 펴는 순간 중앙당이 짓뭉개버린 꼴이다. 안타깝기 그지없는 일이다. 언제쯤 평양 돈주들의 살림집 투자 성공담을 기대할 수 있을까. 2022년 현재로선 기대난망이다.

(박원호 | 2022. 7. 3.)

김정은의 동서대운하, 배가 백두대간을 넘어갈까

지난 9월 8일, 북한 김정은 총비서가 만수대의사당에서 동서대운하 건설을 공표했다.

"나라의 동서해를 연결하는 대운하 건설에 대한 과학적인 타산과 정확한 추진계획을 세우며 일단 시작한 다음에는 국가적인 힘을 넣어 반드시 성공을 안아와야 한다."

동서대운하(이하 대운하)는 1953년 김일성이 최초로 발표했던 구상이다. 1989년 대동강 하구에 서해갑문을 설치하고 중상류에도 5개 갑문을 설치함으로써 대동강도 운하 기능을 하고 있다. 이는 장차 건설할 대운하의 기초공사 성격이 짙었다. 1991년 러시아연방 붕괴 이후, 그 여파로 북한은 1994년부터 10년간 '고난의 행군'을 겪었다. 그래서 대운하는 오랫동안 잠잠했다. 손자인 김정은이 69년 만에 다시 소환한 것이다.

2022년 10월 현재, 북한은 외국에서 식량을 수입해야 할 정도로 식량난이 심각하다고 한다. 그럼에도 불구하고 대운하 구상을 발표한 저의가 무엇일까? 우선 대운하의 개요를 살펴보자.

대운하의 노선은 대동강 – 용흥강 노선이 가장 유력하다. 왜냐하면 건설과정에 장비, 자재 및 인력 수급을 위해서는 기존의 평양 – 원산간 고속도로를 이용해야 하기 때문이다.

대운하는 서쪽의 대동강과 동쪽의 용흥강(금야강)을 잇는 150km 뱃길로 대동강의 평양과 영흥만의 원산을 연결하는 사업이다. 총길이만으로 파나마운하(80km)의 약 2배에 이른다. 건설 과정은 우공이산을 떠올릴 만큼 엄청난 일이다. 평균 해발 1천m의 백두대간을 넘어가야 하기 때문이다. 파나마운하는 해발 26m이고, 갑문이 5개이지만 동서대운하에는 수십 개 갑문에다 최신 리프트 시설까지 설치할 지라도 상상초월의 대역사이다. 예상 공기(工期)로는 파나마운하는 10년이 걸린 데 비해 대운하는 20년도 더 소요될 것이다.

그럼에도 불구하고 대운하가 그토록 절실하단 말인가? 발등에 떨어진 불 같은 식량난 보다? 아니면 북한 해군의 전술 능력 향상이 필요했던 것일까. 이도 저도 아니면, 중국정부가 건설 재원과 첨단장비에다 최신기술까지 무상 제공하겠다고 배후에서 부추긴 것일까?

설령 중국측이 전폭적으로 지원한다고 해도 대운하의 건설 과정은 지난하고 성공 또한 예단하기엔 너무 이르다. 그 이유를 들자면

첫째, 운하 노선은 평균 해발 1천m 백두대간을 통과해야 한다. 장기간 산악오지에 건설 인력이 상주할 경우, 주변 산림은 금세 민둥산으로 변할 것이다.

둘째, 갑문에 채울 수량(水量)을 확보하기 어렵다. 파나마운하는 산정에 가툰호수(Gatun lake)가 있어 풍부한 수량을 활용할 수 있지만 백두대간에는 호수가 없다. 물론 마식령 계곡을 막아 장진호 같은 인공댐을 만들 수도 있지만 한두 개 댐만으로는 절대 수량이 부족하다. 한정된 댐이라도 양수발전 방식처럼 물을 순환시키는 방안도 고려할 수 있지만 이것은 전력만 풍부하다는 전제 하에 성립이 된다.

셋째, 혹한기 동안 해발 1천 미터 이상 산간오지에서는 건설공사가 불가능하고 공사기간도 최소 20년 이상 걸린다.
천신만고 끝에 고산지대 갑문 방식 운하를 완공 하더라도 혹한기 동안 운하는 빙판으로 변해 제 기능을 못할 것이다. 기존의 대동강 운하 역시 혹한기 동안 꽁꽁 얼어버려 운하 기능을 못하고 있는 실정이니까 말이다. 투자 대비 회수 기간, 환경보호 등을 종합적으로 고려할 때, 대운하보다는 오히려 동서고속철이 최적의 대안으로 보인다.
결론적으로 배는 백두대간을 결코 넘지 못할 것이다.

(박원호 | 2022. 9. 25.)

북한의 동서해 대운하 건설 배경과 추진전략

북한이 정말로 대운하를 건설할 모양이다. 김정은 국무위원장은 2022년 9월 8일 시정연설에서 동서해를 연결하는 대운하 건설을 언급했는데, 10월 초에 동서해 운하를 반드시 건설해야 한다고 다시 한 번 강조했다고 한다. 11월 20일자 노동신문에는 1952년 당시 김일성 주석이 김일성종합대학 경제학부와 지리학부 학자들을 만나 강하천운수와 운하건설문제를 토의하면서 동서해 운하 건설을 지도한 이야기가 상세하게 실렸다. 요약하면 동서해 대운하 건설은 수령의 교시라는 것.

북한에 대해 우리가 갖고 있는 편견이나 오해 중 대표적인 것이 비합리성과 허풍이다. 북한은 우리와 다른 가치관이나 기준으로 결정하는 것일 뿐 나름대로 합리적인 의사결정을 하고 있다. 우리가 다만 그 가치관과 기준, 프로세스를 이해하기 어려울 뿐이다. 또 과장된 언행과 선전선동으로 인해 설마 그렇게 할까 싶은 생각도 불러일으키는데, 목표한 바를 여건 상 이루지 못할 뿐 실은 말한 대로 행동으로 옮기는 경우가 태반이다. 그러니 북한이 왜 대운하 건설 카드를 꺼내들었고, 어떻게 할 셈인지 가만히 생각해보자.

☑ 대운하, 국토관리와 재해방지를 위한 전망사업

김정은 국무위원장이 꺼내든 동서해 대운하 건설의 배경은 9월 시정연설에 담겨있다. 지금 북한이 주력해야 할 중대사는 국토관리사업과 재해방지를 위한 사업이라는 것이다. 재해성 이상기후의 영향으로 재난과 피해가 발생하고 있는데 물을 잘 다스리는 것은 과학적인 중장기 사업이라는 것이다. 특히 장마철 수위 조절을 잘 해서 자연피해를 최소화하는 국가적인 재해방지능력을 강화하여 홍수를 예방할 것을 강조했다. 따라서 동서해 대운하는 배가 지나가는 수송 통로이기도 하지만 그보다는 관개체계와 물길 관리에 방점이 있는 것으로 해석된다.

아무리 홍수와 가뭄 피해가 크기로서니 동서해 대운하라는 대형 프로젝트를 지금과 같이 경제사정이 어려운 형편에 추진하는 것이 선뜻 이해하기 어려울지 모른다. 하지만 대운하 건설의 또 다른 배경은 "전망적인 대건설작전"에 있다. 형편이 어렵다고 눈앞의 일에만 급급하지 말고 후대를 위한 혁명을 전개하며 "통이 큰" 건설을 해야 한다는 것이다. 여기에는 대북제재와 코로나 팬데믹으로 인해 자력갱생을 강화해야하는 북한의 상황도 한 몫을 한다. 고립된 경제를 움직이고 활력을 가해서 성과를 낼 수 있는 것은 건설뿐이다. 올 사람도 없는 마식령, 갈마, 양덕과 같은 관광지구보다는 살림집이나 온실농장, 농경지 확보를 위한 간석지 같은 것들이다. 그러니 농작물이나 살림집을 보호하는 재해방지 치수사업이라면 타당한 건설 대상이 되고도 남는다.

☑ 추진전략은 본보기 경쟁과 자력갱생

그렇다면, 이 큰 사업을 어떻게 해내려는 것일까? 북한은 최근 새로운 발전기준과 본보기를 내세우고 있다. 새로운 발전기준이나 본보기는 그 자체에 목적이 있는 것이 아니라 일반화될 수 있도록 다른 단위의 발전을 이끌어내기 위한 것이다. 산간지대의 모범인 삼지연시, 해안지대의 모범인 원산시, 올해 농촌살림집 건설을 끝낸 회령시, 지방공업공장을 현대화한 김화군 등이 그 사례이다. 2021년 9월에 채택된 시·군발전법에 따라 농촌마을을 현대화하는 경쟁이 진행되고 있다. 시·군 사이의 부단한 경쟁을 통해 지역전반을 빠른 속도로 발전시켜가겠다는 전략이다. 시·군 인민위원회가 먹거리와 생필품, 일용 잡화와 건재 상품 생산, 주택 건설과 관리, 국토관리와 오수정화 등 제반 영역의 주체가 된다. 운하 건설도 관개시설의 복구·완비 차원에서 시·군 단위의 경쟁이 될 것이다.

결론적으로, 동서해 대운하 건설은 자력갱생 강화 노선 하에 국토관리와 재해방지라는 현실적이고 시급한 사안을 해결하는 동시에 미래지향적인 장기 전망 사업으로 제안된 것으로 보인다. 그리고 이 사업의 추진전략은 언제나 그렇듯 자력갱생이다. 대운하 건설은 기술력, 경제적 타당성, 환경영향평가 등 따지고 볼 것이 많은 대형 프로젝트이다. 아무쪼록 북한이 한국을 비롯해 국제적인 전문가와 소통하면서 더 나은 선택과 방법으로 추진하기를 바랄 뿐이다.

(윤인주 | 2022. 11. 27.)

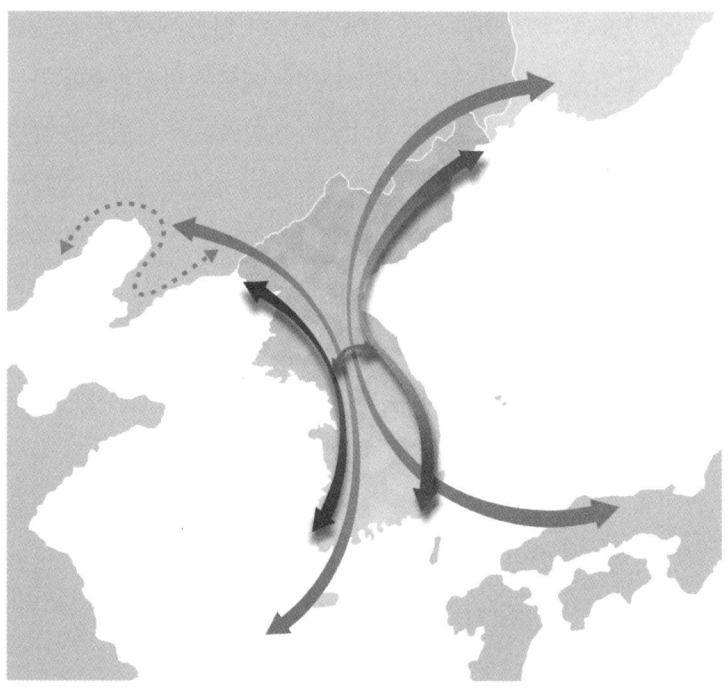

자전거 도시, 평양의 재발견

"당신을 평양 자전거 여행에 초대합니다. 당신 스스로 자전거를 타고 평양의 여러 명소들을 둘러볼 수 있습니다. 그 뿐만 아니라 남북 분단의 상징인 DMZ까지 돌아보는 여행! 흥미진진한 초저가 자전거 투어 상품입니다."

위 글은 어느 여행사의 '평양 자전거 여행'을 홍보하는 광고 문구이다. 2015년 이후, 공개모집을 시작한 이후 지금도 인터넷에서 영업 중이다. 이 회사는 영파이어니어투어(Young Pioneer Tours / YPT)로, 세계적인 오지여행 전문에다 북한 전문 여행사이기도 하다.

필자는 자전거 타기가 취미인 까닭에 위 글을 처음 발견했을 때 한없이 부러웠다. 피 한 방울 섞이지 않는 외국인들은 평양 거리를 자전거로 누비는데, 정작 한 핏줄 한 민족인 우리는 소외받는 꼴이니 말이다. 우리는 언제쯤 '평양 자전거 투어'를 할 수 있을까? '꿈 깨시오!, 북한이 연일 미사일을 쏘아대고 있는 판국에 무슨 허무맹랑한 생각이오?' 누군가 이렇게 나무랄 것 같다. 그래도 그날을 꿈꾸며, 평양 자전거 투어에 관한 문답풀이를 해보기로 한다.

 평양은 자전거 타기에 얼마나 좋은 도시일까? 알다시피 평양은 '평평한 땅'으로 자전거 친화적인 도시다. 실제 평양 시내의 일상이 담긴 동영상을 보면 자전거 탄 시민들을 쉽게 볼 수 있다. 대동강과 보통강이 천연 해자가 되어 평양성을 쌈지처럼 감싸고 있는 도시다. 이는 대동강과 보통강 강변을 따라 자전거길도 잘 정비되어 있다는 뜻이기도 하다. 즉 평양은 강변길만 자전거로 누벼도 가뿐할듯하다. 당일치기면 40~50km, 1박2일 일정이라면 80~100km 정도 자전거로 명소들을 돌아볼 수 있다.

 평양에도 서울의 '따릉이'처럼 공유자전거가 있을까? 2015년부터 '려명' 브랜드의 공유자전거 제도를 실시했다. 십중팔구 자전거족들에게는 자기 애마(?)가 있다. 평소 자기가 길들여 놓은 애마를 타고 주행할 때 기분이 최상이 되기 때문이다. 하지만 '꿩 대신 닭'으로 공유자전거가 있다면 애마보다 편리한 점도 많다. 쉽게 빌려 타고 난 뒤에는 쉽게 반납하면 홀가분하니까 말이다. 2015년 기준, 평양 광복거리에는 5곳 이상의 공유자전거 임대소가 있다고 한다.

 평양 도심에서 자전거를 탄다면 위험하지 않을까? 결론부터 말하면, 안전한 편이다. 왜냐하면 평양은 2015년부터 간선도로 상에 별도의 자전거 전용 노선을 마련해 놓았기 때문이다. 실제 평양 자전거 투어 동영상을 보면, 외국 관광객들이 헬멧도 쓰지 않은 채 자유복장으로 자전거 주행을 즐기고 있는 것만 봐도 알 수 있는 일이다.

만약 주행 중에 펑크가 난다면 어떻게 할까? 이 점 역시 전혀 걱정할 필요가 없다고 한다. 시내 곳곳에 자전거 수리점들이 있고, 염가로 펑크를 때울 수 있다고 한다. 달리 말하면 평양 시민에게 자전거가 생활화되어 있다는 말이다.

만약 어느 주말, 1박2일 평양 자전거 투어에 나선다면 코스는 어디로 잡을까?

우선 비행기를 타고 순안공항에 내려서 시작하는 코스와 평양역에 내려 시작하는 코스, 두 가지 경우를 생각할 수 있다. 그 중에서 강추할만 한 코스는 평양역에서 시작하는 게 좋겠다.

개성 경유 평양역 도착 ▶ 김일성광장 ▶ 옥류관 냉면(점심) ▶ 능라도 5.1경기장 ▶ 문수유희장 ▶ 동평양 외교거리(1박) ▶ 주체탑 ▶ 선교강안거리 ▶ 평양과기대 ▶ 충성의 다리 ▶ 평양역 출발

1박 2일 일정으로 전체 주행거리는 100~120km이내이다. 자전거 마니아들에게는 매력적인 코스다. 조만간 동호회 회원들과 함께 수양버들 우거진 대동강 강변길을 달려보고 싶다.

(박원호 | 2022. 11. 7.)

중동 건설특수, 남북합작의 묘수는 없을까?

열사의 땅 중동에서 건설 붐이 다시 일고 있다. 건설엔지니어인 필자도 84년말부터 86년까지 사우디아라비아(이하 사우디)의 담수플랜트 공사에 참여한 바 있다. 그 당시를 중동 특수라고 불렀는데 지금 분위기도 그때와 흡사하다. 소위 제2의 중동특수가 될 것 같다. 이런 시기에 남북 건설 합작의 묘수를 찾을 수는 없을까?

중동특수의 전조는 이번 2022년 카타르 월드컵이었다. 카타르는 단기간에 최첨단 경기장을 7개나 건설했다. 이들 경기장의 건설 과정에 참여한 기능공들의 국적은 중국, 북한 순이었다. 북한이 기능공을 대거 참여시켰다는 것을 알 수 있다. 이들 경기장의 건설 과정에서 열사병과 안전사고 등으로 인해 상당수 희생자가 발생했다고 한다. 그럼에도 불구하고, 카타르는 세계적인 관심을 집중시키며 월드컵을 성공적으로 치루었다.

중동에서 카타르에 이어 건설붐이 예상되는 나라는 바로 사우디이다. 대표적인 3개 프로젝트를 든다면, 신도시 네옴시티, 해상도시

옥사곤, 산정 휴양도시 트로제나이다. 이 프로젝트들의 준공연도는 2030년, 총 예상 공사비는 최소 500조 원에서 최대 1천조 원이라고 한다. 프로젝트마다 SF영화 블랙팬서 속 도시 와칸다처럼 규모가 상상을 초월한다. 우리나라 해외 건설업계도 일부 선행공사를 수주한 바 있고, 또한 후속 수주를 위해 전력 투구 중이다. 알다시피 '미스터 에브리 씽'으로 통하는 사우디 왕세자 빈살만은 상상 초월의 재력과 권력을 갖고 있다. 지난 달 우리나라를 국빈 자격으로 방문하여, 네옴시티 등 신규 프로젝트를 홍보하고 우리 기업의 참여를 권유한 바 있다.

우리 건설업계로선 수주가 최우선 목표이지만, 수주 다음으로 관건은 기능 인력의 원활한 수급이다. 물론 건설방식은 80년대에 비해 자동화 비율이 상당히 높아졌다고 하지만, 여전히 기능 인력의 의존도는 높다. 즉 기능 인력의 활용이 성공의 주요 요인이라는 점이다. 만약 해외 건설 현장에서 북한 기능공을 활용한다면 시너지 효과가 대단히 높을 것이다. 만약 해외 건설에서 남북 공조를 한다면 다음과 같은 기대효과가 있다.

첫째, 소통의 문제가 거의 해소되기 때문이다.

필자가 근무했던 80년대 중반 중동에서는 우리나라 기능공보다 투르키예(터키), 방글라데시 등의 기능공이 훨씬 많았다. 따라서 소통이 큰 문제였다. 만약 북한 인력을 활용한다면 소통이 얼마나 원활하겠는가.

둘째, 북한은 이미 90년대부터 중동지역, 러시아 연해주 등 해외건설에 상당한 노하우를 가지고 있다. 전성기에 파견된 인력 규모는 얼추 15만 명 정도였으니 말이다.

셋째, 북한 인력은 중동지역만이 아니라 아프리카 북부, 시베리아 동부지역에도 진출 경험이 있다. 따라서 이들 지역에 대한 남북 공조의 경우, 경쟁력이 대단히 높다.

북한은 2022년 현재, 유엔 경제제재하에 있다. 따라서 해외건설의 남북 합작 또는 공조방안은 탁상공론이라고 지레 결론내릴 수도 있다. 요즘 들어 북한 김정은 정권은 막무가내 행보를 보이고 있다. 이런 때일수록 모든 가능성을 열어두어야 한다.

미래의 문은 준비하는 자에게 더 일찍 열리는 법이다. 남북 건설 공조의 묘수를 떠올리는 이유다.

(박원호 | 2022. 12. 28.)

남북의 철길, 대륙으로 뻗어가는 날

무역회사에 다니는 박 차장은 회사에 출근하자마자 중국 거래처로부터 연락이 왔다. 그날 오후에 중국 심양에서 수출 협의 중인 상품 설명을 해달라는 것이다. 급히 샘플과 여권을 챙기고 서울역으로 갔다. 회사가 광화문에 있어 서울역은 아주 가깝다. 서울~신의주 고속철도는 평양, 신의주, 단둥을 거쳐 심양까지 3시간 소요된다. 고속철도를 타고 가면서 눈부시게 발전하는 북한의 모습이 시야에 들어왔다.

현재, 개성공단과 금강산 관광이 재개되지 못했고, 인도주의적 협력사업도 추진되지 못하고 있다. 더욱이 남북은 정치·군사적으로도 첨예하게 대립하고 있는 상황에서 부산에서 서울로 다시 평양과 신의주를 거쳐 중국을 넘어 동남아시아와 서남아시아, 유럽까지 연결되는 대륙철도를 이야기하는 것은 정말 꿈같은 일이 될지도 모르겠다.

남과 북이 한반도철도(TKR : Trans Korea Railway)와 중국횡단철도(TCR : Trans China Railway), 시베리아횡단철도(TSR : Trans Siberian Railway)와 같은 대륙철도와 연결하는 구상은 오래전부터

논의되었다. 2007년 노무현 대통령과 김정일 위원장은 10·4선언에서 남과 북은 '개성~신의주 철도'를 공동으로 이용하기 위해 개보수 문제를 협의하고, 2008년 북경올림픽에 경의선 철도를 이용하여 남북 응원단이 참가하기로 했다. 2018년 4월, 판문점 선언에서 문재인 대통령과 김정은 위원장은 동해선과 경의선 철도를 연결하고 현대화하기로 합의했다. 그해 9월 평양공동선언에서는 동해선과 서해선 철도연결을 위한 착공식을 갖고, 2032년 하계올림픽을 남북이 공동으로 유치키로 했다.

2018년 12월에 남과 북의 철도 전문가들이 참여한 가운데 경의선과 동해선의 북측 철도 구간에 대해 실태조사를 했다. 이때 국제사회의 대북제재로 북한에 반입될 수 없었던 철도 기관차, 유류, 콘크리트 강도 측정기, 초음파 탐사기 등 실태조사에 필요한 각종 장비와 물품이 미국 등의 양해를 얻어 북한에서 사용할 수 있었다.

북한 철도사업에 대해서 우리뿐만 아니라 중국, 러시아와 같은 외국에서도 높은 관심을 두고 있다. 중국과 북한은 2013년 12월에 개성~평양~신의주 고속철도 및 고속도로 건설에 합의한 바 있다. 러시아는 2013년 9월에 나진과 하산을 연결하는 54㎞의 철도 보수공사를 완료하고, 나진~하산~시베리아 횡단철도를 연결하는 복합 물류 사업을 추진하고 있다.

향후 한반도의 대결적 국면이 해소되고, 국제사회의 대북제재가 해소되었을 때 남과 북을 통해 중국과 러시아로 연결되는 대륙철도 연결사업과 북한 철도 현대화사업을 우리가 주도적으로 추진할 수 있다고 장담할 수 없다. 지금부터 차근차근 준비하지 않고서는 미래를 확신할 수 없다.

일반적으로 서울~신의주 고속철도와 같은 대규모 건설사업은 '사업 구상 → 예비타당성조사 → 타당성 조사 → 기본설계 → 실시설계 → 보상 → 공사'의 단계를 거치게 된다. 사업 구상부터 실시설계까지 사업의 규모와 난이도에 따라 다르지만 약 2년 이상이 기간이 소요된다. 국제사회의 대북제재가 있는 현시점에서 서울~신의주 고속철도 건설사업, 제진~원산~나진 철도사업과 같은 실제적인 남북연결 철도공사를 추진할 수는 없다. 하지만 연구.조사사업의 성격이 큰 타당성 조사와 설계는 대북제재가 있는 현시점에서도 실효적인 추진이 가능하다. 특히 건설공사를 시작하려면 타당성 조사와 설계는 선행적으로 반드시 해야 할 작업이다.

남북연결 철도사업과 같은 인프라 건설사업의 경우 정치와 경제를 분리할 필요가 있다. 정치적 문제가 해결되면 다음 단계로 경제사업을 추진하는 것이 아니라 정치적 문제가 아직 해결되지 않았더라도 경제 사업을 사전적으로 준비하는 것이 필요하다.

남북연결 철도사업 추진 시 자칫 대북 퍼주기 논란이 일어날 수 있다. 어느 일방의 경제적 손실을 유발하는 사업은 사업 당사자의 경제적 부담뿐만 아니라 국민적 공감대를 얻지 못하여 사업의 지속성을 담보할 수 없다. 이런 차원에서 민간의 실리적 시각에서 남북 및 대륙철도 연결사업의 대안을 마련하는 것이 필요하다.

남북을 연결하고 유라시아 대륙으로 뻗어 나가는 날이 하루 빨리

다가오길 고대한다.

(박용석 | 2023. 1. 24.)

북한 건설인력 훈련센터를 만들자!

지난 2일 북한의 미사일이 날아와 울릉도 일대에 공급경보가 발령되었다. 북한은 한미연합공중훈련인 '비질런트 스톰'와 같은 군사훈련이 북침연습이라 주장하고, 이에 대한 실천적 군사조치를 하겠다고 했다. 북한이 수차례에 걸쳐 미사일을 발사하고 동해와 서해를 향한 포병사격을 하면, 우리 공군도 북한의 도발에 상응한 공대지, 지대지 미사일 사격을 했다. 마치 시소게임 같다. 더욱이 북한이 핵실험을 감행할 수 있다는 언론 보도가 이어지고 있다.

남북이 첨예하게 대치하고 있는 상황에서 매우 동떨어지고 엉뚱하며 낭만적인 이야기가 될 수 있지만, 현재의 군사적 긴장 상태에서도 남북이 서로 마주 보고 대화할 수는 없는 것일까? 남북 이산가족 상봉이 재개되고, 역사, 종교, 문화, 체육과 같은 사회·문화협력사업이 추진될 수는 없을까? 남북이 모두 이득이 되는 경제협력과 인프라 협력사업이 활성화되고 더 나아가 정치적 협력 관계로 이어질 수 있다면, 한반도의 항구적인 평화와 협력을 기대할 수 있지 않을까? 하는 것들이 머릿속을 맴돈다.

과거 서독의 대동독 정책은 "접근을 통한 변화"였다. 아무리 작은 접촉이라도 이것이 사회에 파장을 가져오고 장기적으로는 변화를 일으킨다는 것이다. 이는 동방정책을 추진한 서독 정부의 정책 기조로서 동서독 간의 긴장 완화와 통일에 기여한 것으로 평가되고 있다.

기능주의 통합이론에 따르면, 국가 간 협력방식에 있어 민감성과 마찰이 적은 영역에서 상호 이익이 큰 협력을 시작한다면, 다른 분야로의 협력으로 확산되고, 결과적으로 정치적 협력을 한다는 것이다. 즉, 중요하고 예민한 사안은 뒤로 미루고, 양보할 수 있는 쉬운 일부터 추진하는 것이 필요하다. 독일이 성공 사례이고 남북한에 있어서도 시사하는 바가 크다.

건설 분야에 있어서 남북협력사업은 매우 다양하다. 북한의 도로, 철도, 항만, 공항, 산업단지, 주택, 전력, 하천, 수리시설 등의 현대화와 신규 건설과 같은 직접적인 건설사업을 남북이 협력해서 추진할 수 있다. 또한, 건설사업을 효과적으로 수행하기 위해 사업타당성 분석, 건설재원 조달, 건자재 산업 육성 등의 협력사업도 시행되어야 한다.

개성공단, 평양 류경 정주영체육관 등 북한에서 시공 경험이 있는 관계자들에 따르면 건설현장에 투입되는 북한 건설인력에 대한 교육이 필요했다고 한다. 건설장비와 공구는 대부분 남한의 것을 사용하므로 이들 장비와 공구의 사용방법을 익혀야 했다. 남한 건설기술자의 감독하에 공사가 진행되었기 때문에 공사의 순서와 시공방법 등을 기술한 시방서에 대한 교육이 필요했다. 건설공사를 진두지휘하는 작업반장이 북한 건설인력들과 함께 일을 하면서 실제적인 시

공기술을 전수했다고 한다.

남북이 공동으로 "건설기능인력 훈련센터" 설립을 검토해야 한다. 개성공단이든, 남북한이 쉽게 접근할 수 있는 곳에 훈련센터를 설립해서 유능하고 숙련된 건설기능인력을 육성하는 것이 필요하다. 이들은 북한 경제발전의 초석을 마련할 수 있는 다양한 시설의 건설현장에서 핵심적인 역할을 할 것이다.

훈련된 건설인력은 북한 내 건설현장에 우선 투입하고, 여건이 조성된다면 우리의 해외건설 현장에도 배치할 수 있다. 현재 해외건설 현장의 건설기능인력들은 대부분 동남아시아나 서남아시아 출신들이 많아서 원활한 언어소통이 힘들어 공사의 효율성을 저해하고 안전사고의 위험도 크다. 훈련된 북한 건설인력이 해외건설현장의 제3국 인력을 대체할 수 있다면, 해외건설 현장의 효율성 향상을 기대할 수 있고, 북한 건설인력의 외화벌이에도 도움이 될 것이다. 북한은 2000년대 초중반에 러시아, 중동 등에 약 1만 2천여 명의 건설근로자를 파견한 경험이 있다.

지재유경(志在有經)이라고, 뜻이 있으면 길이 있다고 한다. 간절히 원하여 최선을 다하면 그래도 이루어질 가능성이 커질 것이다. 소소한 사안부터 남북이 대화하고, 서두르지 않으면서, 착실히 신뢰 관계를 쌓아가길 소망한다.

(박용석 | 2022. 11. 16.)

북한 대운하 건설과 평양 주택건설

요즘 평양에서는 주택 5만 호 건설공사가 한창이고, 북한의 동과 서를 잇는 대운하 건설이 논의되고 있다.

2021년 1월 조선노동당 당 대회에서 발표된 국가경제발전 5개년 계획에는 평양에 매년 1만 세대씩 5년간 총 5만 호의 주택을 건설하고, 함경남도 검덕지구에 매년 5천 호씩 5년간 2만 5천 호의 주택건설을 제시했다. 평양 5만 호 건설은 평양 송신지구와 송화지구를 시작으로 2025년까지 매년 1만 호의 주택과 공공건물을 건설하기 시작했다.

2021년 3월, 김정은 위원장이 송신·송화지구 건설 착공식에 참석한 이후 2022년 2월, 화성지구에서 두 번째 착공식에서도 참석하면서 주택건설을 본격화하고 있다. 지난 10여 년간 평양의 주택건설 사업은 꾸준히 추진되었다. 2016년 3월에 시작해서 2017년 4월에 마무리된 여명거리 건설은 약 5천여 세대를 1년 1개월 만에 완공했다. 이번 송신·송화지구 고층아파트 건설의 경우 80층 골조를 단기간에 완공했는데, 16시간에 1개 층 완성을 '건설 기적'이라고 강조하고 있다.

북한은 주택이 부족하고, 기존 주택의 노후화도 심각하다. 2008년 북한 인구센서스에 따르면, 북한 주택의 90%가 75㎡ 이하이고, 주택 난방은 석탄 47.1%, 나무 45.1%로 석유나 전기는 대도시 일부 고층아파트에서만 사용하고 있다. 수세식 화장실의 전국 평균 보급률은 58% 수준에 불과하다. 주택보급률은 55~83%로 분석되는데, 주택 부족으로 한 주택에 2가구 이상의 동거 가구가 많은 것으로 관찰되고 있다. 분명한 것은 북한 주민들의 실제적인 생활개선을 위해서는 대규모 주택공급이 필요하고, 기존 노후주택에 대한 개보수가 필요하다는 것이다.

2022년 9월, 김정은 위원장은 최고인민회의 시정연설에서 "나라의 동서해를 연결하는 대운하 건설"을 제안했다. 북한은 선박을 이용해서 서해에서 동해로 가기 위해서는 제주도 남단 한국 영해 밖으로 멀리 돌아가야 한다. 사실상 동서해가 원활히 연결되어 있지 못하다. 그런데 대운하가 건설되면 이런 불편함이 없어지고, 중국과 러시아를 단시간에 연결하는 효과도 기대할 수 있다.

서해의 남포를 지나 평양을 거치는 대동강과 동해의 원산을 지나 내륙으로 올라가는 용흥강을 연결하는 노선이 유력하다고 한다. 문제는 수백km의 운하건설과 해발 1천m의 낭림산맥을 넘어야 한다. 이 공사에는 막대한 공사비와 첨단 기술력이 필요하다. 그런데 운하가 완공되더라도 수심 등의 문제로 소형화물선 정도가 이용이 가능할 것으로 보여 경제성이 충분하다고 확언하기 어렵다.

지난 몇 년간 폭우와 태풍으로 북한 곳곳에서 제방이 무너지고 농경지와 도시가 침수되는 피해가 발생했다. 2021년 8월 함경북도 지역에 대한 폭우로 피해를 입은 농경지가 약 4천 ha, 이재민 1,300명이 넘는다고 세계식량계획(WFP)가 밝혔다. 북한은 봄에는 가뭄, 여름에는 폭우로 인한 침수 등으로 식량 생산에 차질이 있다고 한다.

운하건설을 위해서는 관련 수계의 정비가 필요하다. 하천정비는 운하로서의 이용뿐만 아니라 수자원 개발, 홍수 예방 및 홍수 발생 시 피해 최소화 등도 기대할 수 있다. 만약, 북한이 대운하 사업을 착공하고 설령 준공하지 못하더라도 하천정비사업을 충분히 했다면, 농업 및 공업용수를 확보할 수 있고, 폭우와 태풍을 대비할 수 있다. 그렇다면 북한 주민들에게 돌아가는 혜택이 전혀 없다고는 할 수 없을 것이다.

북한의 대규모 주택건설과 대운하 건설은 간부들과 주민들에게 충성경쟁을 유도하는 고도의 정치 행위가 될 수 있다. 하지만, 실질적인 성과가 있다면 북한 주민들의 생활 어려움을 해소할 수 있다. 즉, "백성을 하늘같이 받든다"라는 위민이천(爲民以天)의 실천사례가 될 수 있다.

우리는 주택 200만 호 건설과 같은 신도시 건설과 4대강 하천정비사업에 관한 상당한 노하우를 갖고 있다. 북한 주민들의 삶을 개선하는 실질적인 분야의 남북협력사업을 기대해 본다.

(박용석 | 2022. 10. 3.)

한반도개발기금 조성 제안

윤석열 대통령은 8·15 광복절 경축사에서 북한의 경제와 민생을 위한 "담대한 구상"을 제안했다. 북한이 핵 개발을 중단하고 실질적인 비핵화로 전환한다면 그 단계에 맞춰 다양한 지원을 한다는 것이다. 즉, 북한이 확고한 비핵화 의지만 보여준다면 우리가 할 수 있는 일은 다 도와줄 것이라 했다.

담대한 구상에는 대규모 식량 공급 프로그램 지원, 발전과 송배전 인프라 지원, 국제 교역을 위한 항만과 공항의 현대화, 농업 생산성 제고를 위한 기술지원, 병원과 의료 인프라의 현대화, 국제투자 및 금융지원 프로그램 등이 포함되어 있다.

저개발 국가의 경제발전을 위해서는 도로, 철도, 항만, 전력, 산업단지와 같은 사회기반시설을 적기에 충분히 공급해야 한다. 인프라 건설비의 조달은 매우 중요한 과제이다. 북한의 경우 내부에서 조달하면 좋겠지만 현실적으로 쉬울 것 같지는 않다.

남한은 1960년대 경제발전 시대에 미국 등 주요국으로부터 외국자본이 도입되었다. 경제개발 5개년 계획의 수립과 함께 차관 중심의 대규모 경제원조를 받아 공업화의 기반을 마련했다.

북한에 대한 국제사회의 지원이 가능해지면, 중국, 러시아 등 주변국들은 북한 인프라 개발사업에 적극적으로 참여할 것으로 예상된다. 선진국들은 공적 개발원조(ODA), 대외원조기구 등으로 북한의 인프라 개발사업을 지원할 것이다. 이러한 상황이 된다면, 남한은 북한 인프라 개발에 어떻게 접근해야 할 것인가?

남한이 북한 경제발전을 위한 모든 인프라 투자를 전담할 수는 없다. 북한의 입장에서 남한에 전적으로 의존하기보다는 다양한 국가의 투자를 받는 것을 선호할 것이다. 하지만 민족적·경제적 관점에서 남한은 북한의 경제발전을 최대한 지원하는 것이 궁극적으로 한반도 전체의 발전을 도모할 수 있다. 북한 경제의 성장은 민족의 동질성 회복과 한반도의 평화와 안정에 매우 중요하다.

(가칭) "한반도개발기금"의 설치를 검토할 필요가 있다. 한반도개발기금은 북한 주요 사회기반시설의 확충과 현대화를 지원할 목적으로 설치하는데, 도로, 철도, 항만, 공항과 같은 교통인프라 확충에 중점을 둔다. 기금의 조성은 남북협력기금에 한반도개발계정을 신설하고, 이 계정에 "교통·에너지·환경세"의 일정 비율을 전입 받아 조성하는 것이다. "교통·에너지·환경세"는 국내 교통인프라 확충에 필요한 재원을 조달하기 위해 징수되는 목적세이다. "교통·에너지·환경세"로 징수된 세수의 30%를 전입할 경우 연간 5조 원 이상으로 10년간 약 58조 원의 재원이 조성될 수 있다.

박용석(2019. 3)은 북한의 주요 인프라를 신규로 개발하거나 현대화하는데 필요한 건설사업비는 약 306조 원 규모로 추정했다. 그중

도로 43조 원, 철도 41.4조 원, 항만 8.5조 원, 공항 1.6조 원으로 교통인프라 건설에 필요한 자금은 약 94조 원으로 추계했다. 남한이 북한 교통인프라 확충과 현대화에 1/2 지원한다고 가정하면 약 47조 원 규모로 10년간 조달한다면 연간 4.7조 원이 필요하다. 한반도개발기금이 조성된다면, 국민에게 추가로 부담을 주지 않으면서도 북한 인프라 공급에 중요한 역할을 할 수 있을 것으로 기대된다.

"교통·에너지·환경세"의 일부가 북한 교통인프라 확충에 사용되는 것에 대해 납세자가 불만을 가질 수 있다. 하지만 북한 인프라 확충으로 북한 경제가 성장하면 남한과 훌륭한 경제적 파트너가 되고 동시에 한반도의 평화는 더욱 공고히 될 것이다. 특히 북한 인프라 건설사업에 남한의 기업이 참여하고 필요한 장비와 자재도 남한에서 공급한다면 남한의 경제 활성화와 일자리 창출을 기대할 수 있다. 특히 향후 우리 국민이 북한의 철도와 도로를 이용할 것이므로 납세자에게 돌아가는 혜택이 전혀 없다고 볼 수 없다.

북한은 윤석열 대통령의 "담대한 구상"을 거부했다. 지금의 상황이 좋지 않다고 모든 일에 손을 놓으면 안된다. 훗날, 남북의 화해와 협력이 공고히 되는 그날을 위한 준비를 지금부터 시작해야 한다.

(박용석 | 2022. 8. 22.)

북한 인프라 건설 타당성 분석에 대한 남북 공동 제안

 2022년이 시작되면서 북한은 ICBM을 포함한 미사일을 수차례 발사했다. 유엔 안전보장이사회는 북한의 ICBM 시험발사에 대한 대응으로 6월 말 추가제재를 결의하려 했지만, 중국과 러시아의 거부권 행사로 추가제재는 시행되지 못했다. 북한은 7차 핵실험을 위한 물리적 준비를 마쳤다는 언론 보도가 이어지고 있다.

 북한의 핵실험과 탄도 미사일 발사에 대한 국제사회의 대북제재는 전방위적으로 시행되고 있다. 유엔 안전보장이사회는 지하자원 수출금지, 정유 및 원유 제한공급, 무역금융지원 금지, 수출금지 품목 확대 등이 시행되고 있다. 미국은 북한을 테러지원국으로 지정하고 북한과 거래하는 국가, 단체, 개인을 제재하고 있다. 또한, 인도적 목적의 중유를 제외한 북한으로의 모든 원유 수출을 금지하고, 북한의 해외인력송출 차단, 북한 노동자를 고용하는 제3국 기업을 제재 대상으로 지정하여 미국과의 거래를 금지하고 있다.

 이익을 창출하지 않는 비상업적, 공공인프라 사업의 경우 유엔 안전보장이사회 제재위원회의 승인을 받으면, 대북제재 상황에서도 추진할 수 있다는 견해도 있지만, 실질적으로는 추진할 수 없을 것으로 보인다. 한명섭(2022)은 유엔 안전보장이사회 결의사항은 기존에 추진하고 있는 중국과 북한의 수력발전소 건설사업, 북한과 러시아의 나진-하산 프로젝트뿐이며, 그 외 사업은 전면 금지된 것이고, 인도적 지원사업도 대북제재위원회에 심사를 받아야 한다고 설명하고 있다.

남북 정상은 2018년 4월 판문점 선언과 9월 평양공동선언에서 2007년 10.4선언에서 합의된 사업들을 적극 추진하고, 일차적으로 동해선과 경의선의 철도와 도로를 현대화하기로 했다. 10.4선언에는 개성~신의주 철도 개보수, 개성~평양 고속도로 개보수 등 다양한 인프라 건설사업이 포함되어 있다.

북한 인프라 건설사업은 우리뿐만 아니라 중국, 러시아, 미국 등도 큰 관심을 갖고 있다. 중국은 북중을 연결하는 교량, 도로, 항만 공사뿐만 아니라 압록강에 수력발전소를 건설하고 있다. 2014년에는 신의주~평양~개성을 잇는 고속철도와 고속도로 건설에 관한 협약을 북한과 체결하기도 했다. 러시아는 2013년에 러시아 하산과 나진항을 연결하는 철도 현대화 사업을 완료했고, 2014년에는 20년에 걸쳐 총 3,500km의 북한 철도현대화 사업을 추진하기도 했다. 미국 기업인 GE는 북한과 화력발전소 건립과 송전선 현대화를 위한 협약을 2012년에 체결한 것으로 보도되고 있다.

현재, 북한은 남한뿐만 아니라 국제적인 경제협력사업을 추진할 수 없다. 특히 국가기간 시설인 철도, 도로, 발전소와 같은 핵심인프라 건설사업은 불가능하다.

주요 인프라를 건설하는 추진 주체는 북한이 유엔과 미국 등의 대북제재가 완화되거나 해제될 때까지 하염없이 기다리는 것 외는 달리 할 일이 없는 것인가?

2018년 남북정상회담 이후 남북 공동으로 북한의 경의선과 동해선의 철도와 도로에 대해 실태조사를 했다. 실태조사에는 철도 기관차, 유류, 콘크리트 강도 측정기, 초음파 탐사기, 노트북 등의 물자가 필요했다. 이때 미국과 유엔 안전보장이사회의 사전승인으로 북한으로 관련 장비의 반입.반출이 가능했다. 본격적인 인프라 건설사업은 불가능하지만, 조사와 연구를 위한 기초적인 장비의 반출과 반입은 미국과 유엔의 협조가 있다면 가능하다는 것이다.

인프라 건설사업을 추진하기 위해서는 해당 프로젝트의 타당성 분석이 필요하다. 타당성 분석은 사업을 시행하기 전에 해당 프로젝트의 성공 가능성을 보는 것으로 기본설계, 기술성, 시장성, 경제성, 위험성 등이 망라되어 있다. 타당성 분석을 해야 투자자로부터 자금을 조달할 수 있다. 재정사업으로 추진할 경우 이를 국회에 제출해서 왜 이 사업이 필요한지에 대한 합리적 설명이 가능하다. 타당성 분석을 잘하면 실제 사업추진 시 시행착오를 줄일 수 있다.

만약 서울~신의주 고속철도와 고속도로 건설사업을 추진한다면, 일반적으로 사업 구상, 예비타당성조사, 타당성 조사, 기본설계, 실시설계, 보상을 거쳐 본격적인 건설공사에 들어가게 된다. 사업 구상부터 실시설계까지 사업의 규모와 난이도에 따라 다르지만, 대형 사업은 약 2년 이상 소요된다. 물론 북한이라는 특수성으로 더 빨리 추진될 수도 있을 것이다.

대형 건설사업에 대한 타당성 분석은 일종의 "연구·조사" 사업이다. 2018년 북한 철도 및 도로 실태조사와 같이 북한이 동의하고 미국과 유엔 안전보장이사회의 양해를 얻으면 북한의 주요 인프라 건설을 위한 타당성 분석을 남북이 공동으로 추진할 수 있다.

북한의 인프라 건설사업에 있어 우리가 우선권이 있다고 생각한다면, 다시 검토해 보아야 한다. 북한의 시각에서 최상의 서비스를 저렴한 비용에 제공하는 국가와 업체에게 시공권과 운영권을 주는 것이 합리적이다. 대북제재가 해제된다면 중국, 러시아, 미국뿐만 아니라 더 많은 국가와 글로벌 기업들은 북한 인프라 건설에 큰 관심을 보일 것이다. 그런데 남북이 공동으로 타당성분석을 먼저 추진하다면, 그래도 우리가 유리하지 않을까? 싶다.

현재의 날카로운 남북과 북미 대치상황에서 남북한 공동 인프라 타당성 분석을 제안하는 것은 낭만적인 생각일 수 있다. 하지만 남북의 전문가들이 함께 인프라 개선을 위한 조사와 연구에 몰두한다면, 미래 건설사업의 효율성 제고뿐만 아니라 서로를 이해하는데 큰 도움이 될 것으로 기대된다.

(박용석 | 2022. 7. 10.)

해금강호텔의 안타까운 최후

'보기만 해도 기분이 나빠지는 너절한 남측시설들을 싹 들어내도록 하고, 금강산의 자연 경관에 어울리는 현대적인 봉사시설들을 우리식으로 새로 건설해야 한다'

- 노동신문 2019. 10. 23

4년 전, 북한 김정은 위원장이 금강산관광지구를 둘러볼 때 노후한 남측시설들을 접한 후, 수행원에게 이렇게 지시했다고 한다. 처음에는 엄포성으로 한 말로 보였는데, 이후 남측(현대아산)과 협의를 시작하자마자 코로나 사태가 터지는 바람에 조치는 무기한 연기되고 말았다. 그런데, 한동안 잊고 있었던 해금강호텔 근황이 얼마 전 북한 전문 매체인 '38North'(2023. 1. 26)에 보도되었다. 북한 당국의 무단 철거에 의해 2022년 3월 경 역사 속으로 사라진 현장을 위성사진으로 보여주었다. 참으로 황당한 일이 아닐 수 없다. '종로에서 뺨 맞고 한강에서 눈 흘긴다'는 말이 떠오른다. 김정은 위원장이 두 차례 북미회담에서 빈손으로 돌아온 뒤 마치 엉뚱하게 화풀이를 한 것 같았다. 다시 말해 해금강호텔이 희생양이 된 느낌이었다.

하늘 아래 사연이 없는 건물이 어디 있으랴만 해금강호텔은 아주 특별한 사연을 간직하고 있었다. 해상호텔의 성공 요인을 알고 싶다면, 35년 동안 이 호텔이 어떤 인생(?) 유전을 겪어왔는지를 살펴보면 고스란히 드러난다. 그 과정을 살펴보자.

1988년 세계최초의 해상호텔이 호주에 등장했다. 공식 명칭은 'Great Barrier Reef -Four seasons'. '그레이트 배리어리프'는 세계적인 산호초 군락으로 호주 퀸즐랜드 주 연안에 있다. 이 산호초 군락을 친환경적으로 관광하기 위해 발명해낸 것이 바로 이 해상호텔이었다. 스웨덴 회사가 설계하고, 싱가포르 조선사에서 건조를 한 뒤 국제 입찰방식으로 운영 사를 모집했다. 최종 낙찰은 세계적인 호텔 체인 '포시즌(Four seasons)'이었다.

당초 건조 비용은 4500백 달러(2023년 추산 1억 달러)로, 1988년부터 호주에서 영업을 개시했다. 규모는 지하 2층, 지상 6층, 176개 객실, 수용인원 350명, 부대시설로는 라운지, 레스토랑, 옥상 헬기장, 연구실, 실내수영장, 카지노, 해상테니스장 등이 갖추어져 있어, 산호초 위에 머무는 떠있는 섬이나 다름없었다. 하지만 개장 1년 만에 해상호텔은 문을 닫고 말았는데, 이유인즉슨 이곳의 비싼 숙박비에 비해 주위에 즐길 것이 없어 너무나 지루했고, 자연 재해에 대한 대비도 허술하기 짝이 없었다는 점 등을 들 수 있다.

이후 일본 회사가 호텔을 매입하여 베트남 호치민시에서 영업을 재개했다. 1989년 당시 베트남은 '도이머이 정책'으로 관광산업이 날개를 달고 날아오르던 시기였다. 이렇게 지어진 '사이공 플로팅호텔(Saigong Floating Hotel)'은 갈수록 인기를 누렸다. 성공 요인으로는 양호한 접근성과 동서양 분위기를 아우르는 리모델링, 저렴한 식재료비를 들 수 있다. 이 호텔은 호치민시를 관통하는 메콩강 강변에 위치하여 시내에서 곧장 접근할 수 있었다. 또한 호텔 내부를 동서양 문화가 통합된 분위기로 리모델링을 하였던 것이 주효하였다. 베트남은 19세기 후반부터 100여 년 이상 프랑스 식민지였기에 프랑스를 비롯한 유럽인 관광객들이 즐겨 찾기 때문이다. 다음으로 레스토랑의 식재료를 염가로 확보할 수 있었던 것도 장점이었는데, 아열대지방인데다 메콩강을 통해 원활한 물류의 덕을 톡톡히 볼 수 있었기 때문이다.

이 호텔은 2000년 현대아산이 매입하여 금강산 초입 장전항으로 위치를 옮겨오게 된다. 장전항은 금강산관광을 위한 베이스캠프 역할을 톡톡히 해 왔는데, 내금강, 외금강은 물론 해금강까지 두루 관광하기에 최적의 장소였다. 장전항의 영업 환경은 베트남 사이공의 그것보다는 열악했지만 그런대로 성공적이어서, 남북이산가족의 상봉 장소로도 활용되었다.

해금강호텔의 무단 철거 사실은 CNN, 38North 등 외신 보도에 의해 위성사진으로 확인할 수 있었고, 우리 언론들도 이를 받아 보도를 했다. 이는 '남북교류협력에 관한 법률' 위반이자 명백한 국제법 위반이다. 그러나 우리 정부 차원의 문제 제기는 아직까지 없는 것 같다. '소를 잃고서도 외양간은 고치는 게 좋다!' 재발방지를 위해서 정부 차원의 대응을 촉구하는 바이다.

(박원호 | 2023. 4. 5.)

4

강대국과 한반도

한반도 청색경제, 지속가능한 번영의 대안될까?

우크라이나 사태를 보며 무슨 생각을 하십니까?

동해 북한 선원과 서해 한국 공무원,
  모두 살리는 방법을 찾자

신냉전을 대하는 북한의 자세, 그리고 나의 바람

'형제적' 중국과 북한, 그리고 우리의 선택

남북합의서, 그 참을 수 없는 나약함에 대하여

팩스는 이제 그만, 한반도 디지털 플랫폼을
  구축하자

새로운 통일방안 논의에 앞서 필요한 고민들

통일부는 무엇으로 존재하는가?

윤석열 정부는 한반도 비핵화를 포기한 것인가?

윤석열 정부의 '담대한 구상', 구상이 아니라
  행동이 필요하다

한반도 청색경제, 지속가능한 번영의 대안될까?

며칠 전 경제신문을 읽다가 기사와 칼럼이 하나씩 눈에 들어왔다. 하나는 부산시가 유엔 해비타트(UN-HABITAT·인간정주계획) 원탁회의에서 지속가능한 해상도시 추진을 공표했다는 소식이고, 다른 하나는 바닷길 활성화로 탄소중립을 실현하자는 독자칼럼이었다.

'오셔닉스 부산'이라는 해상도시 프로젝트는 기후변화에 따른 해수면 상승과 지진 등으로 위협받는 도시와 난민을 상정하고 부유식 구조물에 마을을 조성하여 부산 앞바다에 띄우는 것이다. 태양광 등 신재생에너지를 통한 에너지 자립, 해수담수화를 통한 식수 공급, 온실·수경재배·양식 등의 친환경 기술을 적용하여 식량 자급자족을 지향한다.

바닷길 활성화를 통한 탄소중립 실천은 전환교통(Modal Shift) 정책을 말하는데, 삼면이 바다로 둘러싸인 한반도의 입지를 활용하여 기존의 도로 중심 수송수단을 온실가스 배출량이 적은 연안 해운 쪽으로 이전하자는 것이다.

☑ 기후변화와 환경문제, 청색경제의 대두

같은 날 신문에, 전혀 다른 섹션에 있는 이 두 글이 눈에 들어 온 이유가 무엇일지 곰곰이 생각해보았다. 최근 몇 년간 분야와 영역을 넘어 전 세계를 관통하는 이슈는 기후변화와 환경문제, 4차 산업혁명과 스마트화가 아닐까 한다. 그럴 만도 한 것이 한국에서 봄·가을이 사라지다 시피 짧아지는 아열대화가 코앞에서 일어나고 있고 기후변화 완화와 적응은 ICT를 비롯한 기술 발전과도 직결되기 때문이다.

물론, 한 가지 이유가 더 있는데 최근 필자의 화두가 한반도 '청색경제(Blue Economy)'이기 때문이다. 2010년에 군터 파울리는 우주, 해양, 극지 등 미답지에 가까운 잠재력 있는 시장을 청색경제로 칭하며 자원을 고갈시키는 '적색경제' 및 저탄소 성장의 '녹색경제'와 대비했다. 이후 유엔과 세계은행 등은 보다 좁은 의미에서 지속가능한 발전 차원의 해양경제(Ocean Economy)를 청색경제로 정의해 왔다.

기후변화와 환경문제는 삶의 터전에 대한 우리의 인식을 바다로 확장시키고 있다. 4차 산업혁명과 과학기술의 발전은 해상은 물론 해저까지 삶의 터전으로 삼으려는 우리의 시도를 가능하게 만들지도 모른다.

☑ 남북한 '경계' 구도가 아닌 한반도 통합의 '길'로 추진

10여 년이 넘는 사이에 이렇게 세상은 빠르게 돌아가는데 남북한을 바라보는 우리의 시야는 여전히 제한적이다. 물론, 그동안 우리는 남북한 문제를 유라시아로 뻗어가는 한반도 개발 차원에서 접근해 보기는 했다.

하지만 바다는? 세계를 제패한 국가는 바다를 '길'로 보았는데 우리는 아직도 바다를 '경계'로 인식하는 듯하다. 더 넓은 세상으로 연결된 '길'인지, 더 나아갈 수 없는 '경계'인지, 해양을 바라보는 인식에 따라 한 나라의 미래는 달라질 것이다.

이는 남북관계에도 적용된다고 생각한다. 우리의 인식에서 바다와 관련된 북한 이슈는 북방한계선이나 도발 같은 '경계'에 머물러 있다. 바다를 십분 활용하여 지속가능한 발전을 도모하는 청색경제를 북한에, 아니 한반도 전체에 적용해볼 수는 없을까?

또한 청색경제, 즉 해양경제는 바다라는 공간과 자원에 기반한다는 점에서 '남북한'이라는 양자 구도보다는 '한반도'라는 지리 환경적 통합 구도에서 접근할 필요가 있다. 해양자원을 보전하면서 지속가능한 일자리 창출과 경제 발전을 도모하기 위해서는 한반도를 둘러싸고 있는, 울타리가 없는 삼면의 바다에 주목할 필요가 있기 때문이다.

평화와 경제의 선순환을 의미하는 평화경제는 남북관계에서 아직 증명되지 못했다. '평화'든 '경제'든 어느 하나에 착수하지 못하면 한 발짝도 뗄 수 없는 상황이다. 2022년 러시아의 우크라이나 침공은 핵 포기 이후의 안전보장이 불투명하다는 것을 보여주었다. 북한이 이를 지켜보고 있는 상황에서 '햇볕정책을 통한 핵 포기'는 더욱 요원해졌다. 남북한이 분단된 지 70년이 지나면서 세대가 변화되고 '우리 민족끼리'라는 유대감도 느슨해지고 있다. 그렇다면 이제 남북한 문제도 인류 공동의 관심사인 기후변화와 4차 산업혁명에 힘입은 청색경제를 통해 지속가능한 평화번영을 구상하는 방향으로 접근해봐야 하지 않을까.

(윤인주 | 2022. 4. 20.)

우크라이나 사태를 보며 무슨 생각을 하십니까?

 전 세계 많은 사람들이 러시아의 우크라이나 침공으로 안타까워하고 있다. 필자는 이 사태에 대한 일반적인 슬픔에 더해 두 가지 이유로 더욱 슬프다. 하나는 한국인으로서 우크라이나의 처지를 한반도에 비추어 보면서 감정 이입을 했기 때문이다. 두 진영의 세력 다툼(팽창력 처 저지력)이 각자의 영토가 아닌 공간에서 일어나는 일, 불과 몇 십 년 전에 한반도에서도 일어났던 일이다. 또 다른 하나는 이 사태가 지금도 한반도에 미치는 영향이 크기 때문이다. 두 강대국의 정치적 약속이었던 부다페스트 안전 보장 각서가 보란 듯이 지켜지지 않고, 핵무기를 포기했던 우크라이나의 안보가 위협받았으니 북한과의 비핵화 협상과 평화협정은 더욱 순탄치 않아 보인다.

 작금의 국제정세가 한반도에 있어 중요한 이유는 '분단'은 물론이거니와 우리나라의 '대북인식'과 '통일정책'이 국제정세의 중대한 전환점(turning point)에 따라 결정적 시점(critical juncture)을 거쳐 경로 의존적(path-dependent) 변화를 겪어 왔기 때문이다. 북한에 대한 한국의 적대적 인식과 대결은 1972년 7.4남북공동성명을 계기로 전환기를 맞았다. 이 때 합의한 자주·평화·민족 대단결이라는 3원칙이 이후 남북교류의 기본 지침이 되었다. 그런데 이는 1970년대 데탕트, 즉 동·서 진영 간의 긴장 완화, 닉슨 독트린과 핑퐁외교를 배경으로 한다. 1991년에 채택된 남북기본합의서는 어떤가. 남북 상호 간의 화해 및 불가침, 교류협력에 관한 이 합의는 실천이 문제이지 사실상 남북관계에 관한 거의 모든 것을 전반적으로 아우르는, 말 그대로 기본 안내문이다. 이 역시 1990년 전후 사회주의권 붕괴와 냉전 해체를 배경으로 한다.

☑ 국제정세의 전환점에서 한반도를 다시 생각하자

한반도 정세는 이때 이후로 국제적인 흐름에서 약간은 벗어난 길을 가고 있다. 사회주의국가가 체제전환을 하거나 적어도 개혁·개방을 하는 흐름에도 불구하고 한반도의 사회주의권인 북한은 개혁·개방을 최소화하며 기사회생했다. 위기에서 살아남은 북한은 1990년대부터 핵 개발을 중심으로 국제사회에서 목소리를 높였고, 2000년대는 이러한 북한을 설득하는 명목으로 남북교류협력이 활성화되었으나 2010년대는 핵보유를 선언한 북한에 대한 국제사회의 전면적인 경제제재로 막을 내렸다. 2010년대 말 역사적인 북·미 회담이 있었지만 경제제재 완화라는 소기의 성과를 얻지 못한 북한은 "새로운 길"을 모색한다며 돌아섰다.

그리고 현재, 미·중 갈등이 본격화되는 가운데 미국을 중심으로 하는 NATO의 세력 확장을 막고자 우크라이나 침공을 감행한 러시아의 행보로 유라시아판이 흔들리고 있다. 2022년 5월 말 북한의 탄도미사일 발사에 대한 추가 유엔 제재 결의에 대해 중국과 러시아가 거부권을 행사했고, 6월 8일(뉴욕 현지 기준) 유엔 총회에서 한·미 측과 입장 차를 재확인했다. 사실 북-중-러 연대는 북한이 '새로운 길'에서 암시한 것처럼 2020년부터 조짐을 보이고 있었다. "세계는 평평하다(The World is Flat)"며 21세기 세계화를 설명하던 문구가 무색하게 세계는 곳곳이 굴곡지고 있다.

이와 같은 2020년대 전후 신(新)냉전은 국제정세의 중대한 전환점으로서 우리의 대북인식과 통일정책에도 결정적 시점이 될 여지가 있다. 과거 역사를 돌이켜 볼 때, 이 시점을 계기로 우리의 대북인식과 통일정책이 향후 수십 년 간 경로의존성을 가질 수도 있다. 오늘의 현실이 더욱 엄중하게 다가오는 이유다.

그런 의미에서 정신을 차리고 다시 우크라이나 사태를 반추해보자. 필자는 우크라이나 사태를 보며 두 가지를 다짐한다. 첫째, 한반도가 다시는 특정 진영 간의 대리전이 일어나는 완충지대(buffer-zone)가 되는 일을 방관하지 말자. 둘째, 북한의 핵 포기는 정치적 협상과 약속을 대가로 거래하기 어려워 보이니 북핵 접근법은 창의적으로 새로 생각해 보자. 이런 관점에서 한반도 비핵화와 통일정책을 전면 재검토하는 것, 이것이야말로 우크라이나 사태를 바라보는 우리가 해야 할 일이 아닐까.

(윤인주 | 2022. 6. 12.)

동해 북한 선원과 서해 한국 공무원, 모두 살리는 방법을 찾자

 2022년 여름 한동안은 북한 선원 북송 사건으로 연일 시끄러웠다. 2019년 11월에 북한 선원 두 명이 또 다른 한 명과 모의하여 선장을 포함한 동료 16명을 선상에서 살인하고 남측으로 도주했다. 해경에 나포된 후 조사과정에서 이를 고백하자 문재인 정부는 판문점을 통해 강제 북송, 추방했고 북한은 이들을 조사한 후 처형했다. 마지막에 귀순 의사를 밝힌 이들을 재판하지 않고 북송한 것을 두고 논쟁이 벌어졌지만, 정확한 정보가 부족한 상태에서 사건의 시시비비를 가리기는 어려웠다. 국가는 국민이 선출하고 주권을 위임한 권력을 행사한다. 그러나 대통령과 행정부가 어떤 입장에서 어떤 결정을 내리는가는 당시 상황과 정부 성향에 따라 달라질 수 있다. 문제는 주권자인 국민이 바르게 판단을 내릴 수 있는 기준과 개별 정부를 초월하는 국가의 원칙이 부재한 현실이다.

 이 사건은 과연 호기심을 자극하고 싸움을 돋울만 했던 일인가. 불과 얼마 전 평창올림픽을 계기로 남북한이 화해를 노래하고 있을 때, 다른 한쪽에서는 이러한 비극의 씨앗이 도사리는 것이 바로 남북관계의 현실이다. 이미 지난 일을 돌이킬 수 없고, 생명을 다시 살릴 수도 없으니, 통일부 노조 성명에서 밝힌 바와 같이 "법적 공백이 있는 남북 간의 문제"를 어떻게 다룰지 이와 유사한 문제가 재발하지 않도록 대책을 수립하는 편이 더 나을 것이다.

법무부의 법적 검토에서 밝힌 바와 같이 이번 사건은, 국내법으로는 북한이탈주민법, 출입국관리법, 범죄인인도법 등을 고려해 볼 수 있다. 국제법이나 조약으로는 세계인권선언에 기초한 난민의 지위에 관한 협약과 고문방지협약, 범죄인인도조약 등이 관련 있다. 따라서 북한 선원의 귀순 의사 표명 여부, 시점, 이유에 따라서 북한이탈주민 또는 국제범죄자가 될 수 있고, 서로를 국가로 인정하지 않는 남북관계의 특수성으로 인해 법적 해석과 정치적 판단의 공간이 있을 수 있다. 따라서 어떤 정부이든 이러한 남북관계의 현실과 법적 문제를 인정하고, 이런 순간에 어떤 원칙을 따를지 적어도 절차적 정당성을 마련하면 될 일이다.

☑ 닫혀 있는 공간의 그린데탕트, 열려 있는 공간의 블루데탕트

사실 육상은 철책으로 가로막혀 접촉의 여지가 적지만 해상은 열린 공간으로서 평화체제를 논의할 때 빠질 수 없는 공간이다. 동해로 북한 어민이 표류하거나 좌초한 것은 과거부터 있어왔고, 2018년 이후 언론에 공개된 것만 해도 여러 건이다. 2020년에는 코로나 바이러스 유입을 우려한 북한의 해상 봉쇄 정국에 서해에서 표류하던 한국 공무원이 피살당하는 비극이 발생했다. 이처럼 육상 분계선과 달리 물리적 장애물이 없는 해상 분계선에서 발생하는 접경수역의 우발적인 사고를 어떻게 다룰 것인가도 이번 기회에 대책을 강구할 필요가 있다.

지금까지 남북접경지역은 육상 비무장지대를 중심으로 하는 그린데탕트가 주로 논의되어 왔다. 집권하는 정부에 따라서 서해평화수역이나 한강하구와 같은 '블루데탕트'가 남북협력 의제에 올라오기는 했다. 실제 북한이 호응한 것은 그린데탕트가 아니라 블루데탕트이다. 북한은 비무장지대의 유네스코 세계유산 남북 공동등재가 분열과 대결을 영구화한다며 반대하는 한편, 경제적 이익이 직결되는 서해평화수역 설정이나 한강하구 공동이용에는 반응해왔다. 물론, 이것은 경제적 혜택 여부와 같은 '의제의 성격'에 달린 것일 수도 있지만 북한을 대하는 '정권의 성향'에 따라 북한의 호응도가 달랐을 가능성도 있다.

어떤 정치적 성향의 정권이든 간에 동·서해 해상적대행위 금지구역을 설정하는 정치·군사적 조치뿐 아니라, 생태계 보호나 인도적 구난구조와 같은 환경·인권 등 인류 보편적인 공통가치로 접근하는 블루데탕트는 필요하다고 생각한다. 같은 맥락에서 윤석열 정부가 북한 인권에 관심을 가지고 북한인권재단 설립을 추진하는 것도 마땅하다. 인권 보호·보장도 인류보편적인 공통가치로서 국가 정책 추진이 필요한 의제이다. 각 정부의 성향에 따라 추구하는 가치에서 차이가 나타날 뿐이다. 그러나 모든 정부는 그 집행방식에서 타당한 절차를 밟고 건설적인 대안을 수립해야 한다. 급하다고 절차를 뛰어넘고 문제의 소지가 될까봐 자료를 폐기하거나, 지나간 일을 들추어 여러 국가 기관의 과오를 서로 다투면서 국민의 신뢰를 스스로 갉아 먹는 것이 문제이다. 그보다는 누가 보아도 '잘한다'는 소리를 들을 수 있도록, 앞으로 발생할 수 있는 동해 북한 선원을 어떻게 대우하고 서해 한국 공무원을 어떻게 살릴 수 있을지 고민하는 것이 정부의 책임이다.

(윤인주 | 2022. 7. 24.)

신냉전을 대하는 북한의 자세, 그리고 나의 바람

2022년에 북한이 인도, 베트남, 캐나다 등에 쌀, 밀 등 식량 지원을 요청했다고 한다. 연간 북한의 식량 부족분은 약 80만 톤이다. 연이은 가뭄과 수해로 농작물 피해가 큰 상황이므로 식량 확보에 어려움이 있는 것은 분명했다. 이는 8월 기준 전년대비 36%가량 쌀값이 오른 것으로도 뒷받침된다. 북한은 7월에도 이미 쌀 약 1만 톤을 중국 랴오닝성으로부터 육로로 수입한 바 있었다.

하지만 북한은 윤석열 정부가 2022년 광복절 기념사를 통해 밝힌 '담대한 구상'은 "상대해주지 않을 것"이라며 거부했다. 여기에는 쌀 10만 톤, 비료 14만 톤 상당의 예산 계획이 포함되어 있는 데도 말이다. 석 달 만에 코로나 종식과 정상방역체계 전환을 발표하는 자리에서 김여정 노동당 중앙위원회 부부장은 접경지역이 코로나 초기 발생지임을 들어 바이러스가 전단지를 통해 한국에서 유입된 것이라고 주장했다. 과거에도 북한은 주민 동요와 체제 위협을 우려하여 전단 살포에 강경 대응해왔는데, 외부와의 철책을 높이고 내부를 단속하기에 코로나 바이러스 유입 차단이라는 보기좋은 명분까지 생긴

셈이다.

☑ 담대한 결단을 거부하는 북한의 결단

 어쩌면 한·미·일이 아무리 마음을 모아 담대한 결단을 한다 한들 북한은 당분간 어떠한 구상도 수용할 의사가 없는 것일지 모른다. 일각에서는 러시아-우크라이나 전쟁으로 인한 수혜국이 북한이라는 말도 있는데, 미국과 갈등의 골이 깊어지는 중국이 대북제재 우회를 도와주는 상황에서 러시아까지 우군으로 합세했다는 뜻이다. 그 예로 우크라이나 내에서 독립을 희망하는 친러 분리주의 세력의 지역 재건 사업에 북한 노동자를 참여시키는 방안이 추진되었다. 북한의 해외노동자 파견은 유엔대북제재 위반이다.

 이와 더불어, 북한 경제개발과 외자유치 계획을 세우는 국가계획위원회는 경제개발지구의 해외투자 정책을 보완한다는 소식이 들렸다. 대북제재가 해제될 것을 기대하지 않는다는 전제 하에 현실적으로 법률을 보충한다는 것이다. 투자 대상은 중국, 러시아 등 우호관계에 있는 나라이며 한국은 불투명한 투자 대상으로 간주한다고 한다. 개성공단 재개를 기대하지 않고 중국, 러시아와 새로운 공업지구를 만들겠다는 것으로 읽힌다.

그렇다면, 북한의 다음 스텝은 무엇일까? 한·미·일과 각을 세우고 북·중·러의 끈을 단단히 매는 방향일 가능성이 높다. 북한은 그동안 핵실험 전후 짧게는 한 달, 길게는 세 달 정도 시차를 두고 미사일 발사를 해왔다. 7차 핵실험 준비가 완료된 것으로 보이는 가운데 북한이 2022년 6월에 탄도미사일을, 8월에 순항미사일을 발사했다. 미국에서는 만약 북한이 7차 핵실험을 강행한다면, 그동안 대북제재 위반에 협조해 온 중국 기반의 선박·해운·금융 관련 업체를 대상으로 세컨더리 제재를 강화해야 한다는 목소리도 나왔다. 물론, 유엔상임이사국인 중국과 러시아는 반대할 것이다.

지난 냉전 시기를 돌이켜보면 북한은 중국이나 러시아 어느 한쪽에 치우치지 않는 등거리외교를 추구했다. 또한 강대국 블록에 속하지 않는 제3세계 국가들과의 비동맹외교도 성과를 거두었다. 신냉전이라는 국제적인 흐름을 한 개인이나 국가가 거스르기는 쉽지 않을 것이다. 그러나 한 줄기 바람이 있다면 북한이 지금과 같은 대외관계, 특히 경제부문에서 절대적 비중을 차지하는 대중국 일변도의 의존도를 탈피하여 다양한 국가들과 교류를 넓히는 것이다. 소련, 일본, 한국, 중국 등 시절을 좇아 우호적인 단짝에만 의존하지 말고 세계를 향해 문을 여는 것이다. 그러기 위해 필요한 조치는 북한도 너무나 잘 알고 있다. 북한은 물론이거니와 전 세계가 코로나 팬데믹 이후 힘든 상황에 있으니 핵실험을 중단하는 것부터 시작하면 된다.

(윤인주 | 2022. 9. 2.)

'형제적' 중국과 북한, 그리고 우리의 선택

2022년 10월 16일, 제20차 중국 공산당 전국대표대회(당대회)가 열렸다. 시진핑 주석의 집권 3기를 열면서 중국이 대내외로 펼쳐갈 정치·경제 정책을 가늠할 수 있는 자리였다. 시 주석의 업무보고에 따르면, 향후 5년 중국은 집단지도체제보다는 당 중앙의 집중통일영도를 견지하고 강화하기로 했다. 또 중국 특색 사회주의를 견지하면서 전체 인민 공동부유를 실현하여 물질문명과 정신문명의 상호조화를 이루는 중국식 현대화를 목표로 내세웠다. 필자의 눈이 커진 대목은 통일 정책이다. 대만과의 평화통일을 위해 최대한 노력하겠지만 무력사용 포기는 절대 약속하지 않겠다는 것, 즉, 필요한 모든 조치를 취할 수 있다는 뜻이다.

☑ 중국과 북한 사이의 "형제적" 레토릭 축전

한편, 3주간 한반도 긴장을 고조시키던 북한은 대회 이틀 전부터 잠잠했다. 10월 17일부터 실시되는 우리 군과 미군의 연례 야외 기동훈련에 반발하며 14일에 군사행동을 한 것이 마지막이다. 사람들은 북한이 중국을 의식하여 중국 당 대회 기간에는 도발을 중단할 것이라고 예측했다. 그래서 필자는 둘 사이에 어떤 신호가 오가는가 싶어 양측이 주고받은 축전을 살펴보았다. 2022년 10월 1일 김정은 국무위원장이 중화인민공화국 창건 73주년 기념 축전을 보낸 데 대해 시진핑 주석이 10월 13일에 답전을 보냈다. 며칠 있으면 제20차 중국 공산당 당대회가 열리는데 매우 중요한 대회이다, 국제 및 지역정세가 심각하고 복잡한 변화가 일어나고 있으니 단결과 협조를 강화해야 한다는 등의 메시지였다. 그런데 여기서 필자의 눈을 사로잡은 것은 "형제적조선인민"이라는 표현이었다. 중국 지도자가 북한 주민을 이렇게 친근하게 부른 적이 있던가?

최근 몇 년간 북한과 중국이 주고받은 축전을 보면 북한은 2018년부터 "형제적중국인민"이라는 표현을 매년 쓰기 시작했다. 물론 북한은 이 "형제적"이란 표현을 라오스, 베트남, 쿠바에도 사용한다. "형제적조선인민"은 주로 라오스 총비서가 북한에 축전을 보낼 때 등장한다. 중국은 이런 표현을 거의 사용하지 않다가 2022년 9월과 10월에 연달아 사용했다. 그동안 중국이 보낸 축전에는 "전통적인" 중조친선을 언급하며 "두 나라", "조선인민" 등 다소 객관적인 표현이 사용되었다. 그나마 최근에 시진핑 주석이 "형제적조선인민"이라고 언급한 적은 2014년 당시 김정은 국방위원회 제1위원장이 재추대된 것을 축하할 때이다. 사회주의국가 간의 축전 문화에 등장하는 단어 하나로 모든 것을 설명하기는 어렵지만, 적어도 축전이 암시하는 분위기와 뉘앙스를 볼 때 시 주석이 "형제적"이라고 칭할 때는 북한을 인정하거나 같은 편으로 끌어안을 때라고 추정된다.

그런데 바로 이 시 주석이 대만과의 통일 정책에서 무력사용 가능성을 재확인시켜주었다. 우려되는 것은 이러한 발언을 "형제적" 북한이 어떻게 받아들일까 하는 바이다. 그렇지 않아도 러시아의 우크라이나 침공은 중국의 대만 침공 가능성에 경종을 울렸다. 중국과 러시아가 우호적인 관계를 유지하고 미국과 대립하며 전선을 형성할수록 북한은 이 "형제적" 메시지를 어떻게 해석하고 반응할 것인가. 2022년 9월에 김정은 국무위원장에게 보낸 축전에서 시 주석은 "백년 만에 처음 보는 대변화가 급속히 일어나고 세계는 새로운 동란과 변혁의 시기에 들어섰다"고 했고 10월에 보낸 축전에서는 이러한 "새로운 형세 하에서 지역과 세계의 평화와 안정을 수호하기 위해 더 큰 공헌을 할 용의가 있다"고 밝혔다.

☑ 신냉전 너머의 신데탕트를 생각해야

이번 당 대회에서 중국이 밝힌 노선은 북한의 그것과 닮아 있다. 당 중앙의 유일적 영도와 우리식 사회주의가 그것이다. 2022년 9월에 북한이 핵무력 정책을 법제화한 것은 핵무력 사용 포기를 절대 약속하지 않겠다는 말과 다르지 않다. "형제적"인 북한과 중국의 노선 앞에 우리는 어떻게 할 것인가. 당장 눈앞에 펼쳐지는 신냉전을 피할 수는 없을 것 같다. 우리는 무수히 논의해왔다. 한반도 분단과 한국 전쟁은 구조적 요인이 컸는가, 행위자 요인이 컸는가. 어쩔 수 없는 신냉전에 갇혀서 다시 한 번 고통받을 것인가, 행위자는 구조를 얼마나 바꿀 수 있는가. 누구 혼자 나서서 해결할 수 있는 문제는 아니다. 우리의 노력에도 불구하고 전쟁이 다시 일어나거나 분단이 더욱 고착화될지도 모른다. 그러나 이번에 달라질 수 있는 점은 우리가 역사를 통해 배운 것을 활용할 수 있을지 모른다는 것이다. 북한의 핵보유 선언을 비롯해 크고 작은 요소는 다르지만 강대국 대립의 틀은 처음이 아니기 때문에 예상되는 것들이 있고 그 종국을 알고 있으니 다르게 행동할 수 있다는 것이다. 그러니 우리는 기억해야 한다. 냉전도 결국은 데탕트를 맞았다는 사실을. 한반도만 덩그러니 분단되었다는 사실을. 신냉전도 결국 신데탕트를 맞이할 것이다. 강대국의 틈바구니 속에서 신냉전 후에 우리에게 남는 것이 무엇일지 내다보고 후회없는 신중한 선택을 해야 한다.

(윤인주 | 2022. 10. 17.)

남북합의서, 그 참을 수 없는 나약함에 대하여

2020년대 들어 한반도 정세는 말 그대로 암울한 상황이다. 대화는 단절되었고 북한은 핵무장을 통해 안전을 보장하겠다는 의지를 드러내고 있다. 윤석열 정부 출범 이후 한반도 긴장은 더욱 고조되고 있다. 남북관계의 불안정은 왜 지속되는가? 이것이 필자가 던지는 질문이다. 구체적으로 남북 간의 약속이라 할 수 있는 남북합의서가 왜 지켜지지 않는지 그 원인을 찾아보려 한다.

☑ 정권교체는 남북관계의 리셋을 의미하나?

2007년 2차 남북정상회담은 10.4 선언을 탄생시켰고 남북경협과 사회문화 교류 등 전방위적인 남북교류협력이 현실화되는 듯 보였다. 그러나 2008년 정권교체와 함께 등장한 이명박 정부는 김대중 정부와 노무현 정부가 북한과 체결한 남북합의서를 무력화시켰다. 국내법적으로도 그 효력이 불명확한 남북합의서는 서로 다른 대북정책을 표방한 신정부의 등장으로 이전의 합의가 제대로 이행되지 못하는 결과를 가져왔다.

 북한의 무력도발은 분명 남북의 약속을 깨는 위반행위이다. 남북 합의가 이행되지 못한 책임에서 북한은 분명 자유롭지 못하다. 그렇다면 한국 정부는 이러한 책임에서 자유로운가? 그렇지 않다. 한국 정부 또한 스스로 남북 합의를 부정하는 모습을 여러 차례 보여왔다. 특히 한국에서 정권교체는 이전 정부가 추진한 대북정책, 그리고 남북 합의를 무력화하는 남북관계의 리셋(reset)을 의미했다. 정권교체로 새롭게 등장한 정부가 남북 합의를 부정한다고? 어떻게, 그리고 왜 그것이 가능한 것일까?

☑ 남북합의서는 왜 무력한가?

 지금까지 남북관계를 발전시키기 위한 수많은 노력은 왜 실패했나? 서로의 약속이 지켜지지 않았기 때문이다. 남북 간의 약속은 남북합의서의 형태로 만들어져 왔다. 2006년 제정된 [남북관계 발전에 관한 법률]에서 '남북합의서'는 "정부와 북한 당국 간에 문서의 형식으로 체결된 모든 합의"로 정의된다. 지금까지 남북은 667차례의 남북회담을 통해 258개의 남북합의서를 체결하였다.

 이렇게 오랜 시간과 노력의 결실로 만들어진 남북합의는 지금 어떤 모습인가? 남북합의서는 동북아 정세의 위기, 남북관계의 악화, 그리고 정권교체로 무력화되어 왔다. 단지 그뿐인가? 아무리 주변 환경이 어렵다고 하더라도 이렇게 모든 합의가 무력하게 사문화될 수 있는 것인가?

남북합의서가 지켜지지 않는 이유 중 하나는 남북합의서가 어떠한 법적 효력을 가지고 있느냐의 문제와 맞닿아 있다. 학술적인 논의와는 별개로 남북합의서는 국가 간 체결된 조약과 같은 법적 효력을 갖지 못한 채 선의에 의한 약속, 즉 신사협정으로 취급받고 있다. 남북합의서를 규정한 [남북관계 발전에 관한 법률] 또한 그 어디에도 남북합의서가 어떤 법적 효력을 갖는지, 이행 권한을 갖고 있는지 규정하고 있지 않다.

☑ 남북합의서에 더 무거운 책임을 묻자.

한반도는 여전히 전쟁이 중단된 상태, 즉 정전상태이다. 한반도 정전체제 하에서 남북의 대결은 국지적인 물리적 충돌로 비화될 수 있다. 남북관계를 안정적으로 관리하는 것이 그만큼 어렵다는 것이다. 우리는 남북합의서에 더 무거운 책임을 지워야 한다. 그렇다면 남북의 약속, 남북합의서가 주변 정세의 악화와 상호신뢰의 훼손, 정권교체와 같은 변화로부터 안전하게 이행되기 위해서 어떤 노력이 필요할까?

 첫 번째 방안은, 핵심적인 남북 합의를 조약으로 체결하는 것이다. 남북합의서를 조약의 형태로 체결하거나 모든 남북합의서를 조약에 준하여 법적 효력을 부여하는 법제 개편을 이행하는 방안이 있다. 독일 통일 과정에서 서독이 동독과의 합의를 조약(동서독 기본조약)으로 체결하거나 외국과의 조약과 동서독 합의서에 같은 법적 효력을 부여했던 경험을 참고할 필요가 있다.

 두 번째로, 국내 법률로서 남북합의서의 법적 효력을 명문화하는 방법이 있다. 현행 〈남북관계 발전에 관한 법률〉에서 남북합의서의 법적 효력을 명확히 규정하고 주무 부서의 이행 권한을 부여하는 방법이다. 이와는 별도로 남북이 합의한 주요 협력사업을 남북이 각각의 국내법률로 제정하는 방법도 가능하다. 겨레말큰사전 편찬사업이 〈겨레말큰사전 남북공동편찬사업회법〉 제정으로 그 명맥을 유지하고 있다는 점에서 법제화는 남북 합의를 최소한으로 이행하기 위한 현실적인 대안이 될 수 있다.

 세 번째로, 남북합의서의 체결과 이행, 정지와 재협상, 그리고 재개의 프로세스를 관리한 장치를 마련할 필요가 있다. 특히 남북합의서가 정지 내지, 무력화된 상황에서 남북합의서의 이행을 재개하기 위한 프로세스가 마련되어야 한다. 현재와 같이 남북 합의가 이행되지 않는 상황은 이를 재개하기 위한 규정과 매뉴얼이 마련되어 있지 않은 문제와도 연관되어 있다.

추가적으로, 정부가 독점하고 있는 남북 합의 과정에 국회와 정당의 역할이 확대되어야 한다. 무엇보다도 남북협상 과정에서 야당의 의견을 최소한으로 반영할 필요가 있다. 정부의 독점적 대북 협상은 야당의 참여를 제한함으로써 정권교체와 함께 이전 정부의 남북 합의가 무력화되는 결과를 가져왔기 때문이다.

☑ 남북관계 정상화를 위한 윤석열 정부의 첫걸음

윤석열 정부는 110대 국정과제 중 하나로 남북관계 정상화를 제시하였다. "대화를 통해 긴장을 완화하고 상호주의와 실사구시적으로 공동 이익 실현"하고 "분야별 남북 경제협력 로드맵을 제시하여 북한 비핵화를 견인"하며 "남북 간 상호 개방과 소통·교류 기재를 활성화하여, 북한의 점진적 변화를 유도"하겠다는 것이다. 과거 이명박 정부와 같이 선비핵화 논리에 갇히기보다는 비핵화와 남북관계 정상화를 함께 추진하겠다는 의지로 읽힌다.

제안컨대 윤석열 정부가 기존의 남북합의서에 대한 존중을 표명함으로써 남북 간 신뢰를 회복하고 남북합의서가 좀 더 무거운 책임을 지고 이행될 수 있도록 국회와 함께 남북합의서의 제도화에 적극 나서길 기대해 본다.

(정일영 | 2022. 5. 8.)

* 이 칼럼은 오마이뉴스(2022. 5. 6)에 공동 게재된 글입니다.

팩스는 이제 그만, 한반도 디지털 플랫폼을 구축하자

남북관계가 꽉 막혀 있다. 그런데 주변을 돌아보면 남북만의 문제가 아니다. 전 세계가 코로나19 팬데믹으로 답답한 터널을 탈출하지 못하고 있다. 그런데 쭉쭉 뚫리는 곳이 있다. 바로 디지털 세상이다. 코로나19 팬데믹은 아마도 좀 더 먼 미래의 일이라 생각했던 비대면 네트워크 세상을 앞당겼다.

그렇다, 위기는 기회다. 코로나 바이러스는 그들의 생존을 위해 전 세계로 퍼져갔지만, 인간은 그에 대응해 새로운 디지털 세상을 열었다. 남북관계도 꽉 막힌 아날로그 시대를 정리하고 디지털이라는 새로운 공간을 만들어야 한다.

☑ 남북관계 = 대면+팩스+유선전화?

4차산업을 선도하는 대한민국, 전 연령에서 비대면 수업이 가능한 몇 안 되는 나라가 우리나라다. 하지만 남북관계는 정말 '올드'하기 그지없다. 1972년 7.4남북공동성명을 체결할 당시와 지금 남북관계의 소통방식은 달라진 점이 없다. 남북관계는 여전히 대면으로 만나고, 팩스로 문서를 전달하며, 유선전화로 연락한다.

우선 남북대화는 대면 방식으로 진행된다. 1971년 이후 남북회담은 공식적으로 667회 개최되었고, 이 외에도 수많은 실무회의가 북한과 중국 등지에서 개최되었다. 단 한 차례도 대면 회담의 틀을 벗어난 적이 없다. 이 얼마나 비효율적인 방식인가?

두 번째로, 남북은 공식 문서를 팩스로 전달한다. 북측의 초청장을 받거나 긴급한 협의 사항을 전달할 때도 팩스를 이용한다. 물론, 인편으로 원본을 직접 전달하는 것을 더 안전하다 생각한다.

세 번째로, 유선전화는 중요한 남북 연락선이다. 통신선으로 연결된 공식적인 대화 채널은 우리의 소통 방법이 1970년대에 머물러 있음을 증언한다. '공식적인'이라는 형식과 틀에 갇혀버린 결과다.

혹자는 우리는 준비되어 있지만, 북한이 기술적으로 낙후되어 있지 않냐고 질문할 수 있다. 그렇다면 북한은 4차산업 시대에 대해 어떻게 생각하고, 또 준비하고 있을까?

☑ '새 세기 산업혁명' 강조하는 북한

　김정은 시대의 북한은 '북한식 4차 산업혁명'이라 할 수 있는 〈새 세기 산업혁명〉을 강조하고 있다. 북한이 강조하는 〈새 세기 산업혁명〉은 "인민경제 모든 부문에서 과학기술과 생산, 지식과 경제의 일체화를 높은 수준에서 실현하여 경제를 지식의 힘으로 운영되고 발전하는 지식산업"으로 정의된다.

　북한은 특히 ICT기술에 기초한 첨단기술산업을 통해 '경제강국'을 건설하자는 구호를 연일 강조하고 있다. 국제사회의 대북제재가 지속되는 상황에서 소위 '단번도약'을 통해 경제강국을 건설하자는 논리이다. 이러한 첨단기술산업의 강조는 과학기술 인력 양성, 산업의 전 분야에서 CNC화 강조, AI, AR, 인공지능 기술의 개발로 표출되고 있다. 만성적인 경제위기 상황에서 북한은 하드웨어가 아닌 소프트웨어 개발에 집중해 왔다.

　마지막으로, 북한에서 이동통신 가입자 수가 600만 명에 다다른 것으로 알려져 있다. 특히 '지능형 손전화기'(스마트폰)는 없어서는 안 될 필수품이 된지 오래다. 뿐만 아니라 북한 당국은 "손전화기를 단순한 통신수단으로부터", "인터넷, 금융, 결제 등 정보기술기재로 전환"시키기 위해 노력하고 있다. 어쩌면 디지털 플랫폼을 활용한 남북관계 전환에 북한이 더 적극적일 수 있다.

☑ 한반도 디지털 플랫폼을 구축하자

우선 기술적 한계는 다음 문제로 하고 상상력을 발휘해보자. 한반도 디지털 플랫폼은 기존의 아날로그 소통방식을 디지털 공간에서 해결하자는, 아니 그 이상의 혁신적인 아이디어를 적용해 새로운 남북관계를 만들어 낼 수 있다.

먼저, 남북대화는 화상대화로 대체된다. 남북 당국뿐만 아니라 교류협력을 추진하는 지자체, 기업, 시민사회, 사회문화, 예술, 스포츠 분양의 다양한 주체들이 소통할 수 있다. 남북은 이미 노무현 정부 당시 이산가족 화상상봉을 성공적으로 진행한 바 있으며 최근에는 남북화상회담 시스템을 남북회담본부에 설치하였다.

두 번째로, 남북의 다양한 행위자들이 교류협력과 경제협력에 관한 의사를 타진하고 계약(합의서)을 체결하며 결제할 수 있는 공간으로 활용할 수 있다. 각종 문서는 전자결제로 진행되고 계약(합의서) 체결 과정에 관한 자문과 법률 서비스를 받을 수 있다.

세 번째로, 디지털 플랫폼은 딱딱한 회의와 계약의 공간을 넘어 사회문화교류의 장으로 활용될 수 있다. 우리는 이곳에서 남과 북, 혹은 해외 아티스트와 함께 연주회를 개최하고 전시회를 관람할 수도 있다. 한반도 메타버스(metaverse)가 열리는 것이다.

지금의 엄혹한 한반도 정세에서 꿈만 같은, 허황된 얘기라 비판할 수 있다. 그러나 남북관계는 타이밍이다. 남북관계의 얼음이 녹을 때 기회를 놓치면 안된다. 그러려면 먼저 준비해야 한다.

☑ 남북관계는 타이밍, 먼저 준비해야 한다.

한반도 디지털 플랫폼을 구축하는데 적지 않은 문제들이 대두될 것이다. 국제사회의 대북 제재와 법률적 장치의 부족, 무엇보다 기술적 문제들에 대한 준비가 필요하다. 그렇다면 언제 준비할 것인가? 지금 준비해야 한다.

관련하여 통일부는 제한적이나마 남한 만의 남북교류협력시스템, 대북지원정보시스템 등을 운영하고 있으며 DMZ(비무장지대)를 테마로 메타버스 플랫폼(DMZ Universe)을 구축해 서비스를 진행하고 있다. 이제 남북이 함께, 그리고 해외동포와 세계인이 함께 할 수 있는 디지털 플랫폼을 구축해야 한다.

돌아보면 2018년은 남북관계를 복원하기 위한 절호의 기회였다. 판문점선언과 싱가포르 북미정상회담, 9월 평양공동선언까지, 정말 정신없이 굵직한 회담과 합의들이 이루어졌다. 그러나 거기까지였다. 많은 것들을 합의했지만, 준비된 것은 많지 않았다. 뼈아픈 실기

였지만 그 교훈을 잊지 말아야 한다.

 한반도 평화의 창이 열렸을 때, 우리는 구체적인 행동에 돌입해야 한다. 평화의 창은 우리를 기다려주지 않는다.

(정일영 | 2022. 6. 20.)

* 이 기사는 오마이 뉴스(2022. 6. 17)에 공동으로 게재된 글입니다.

새로운 통일방안 논의에 앞서 필요한 고민들

　새롭게 출범한 윤석열 정부가 통일방안에 대한 새로운 논의를 준비하고 있다. 통일부는 2022년과 2023년 사업계획을 통해 새로운 통일방안 논의를 제안한 바 있다. 우리 정부의 공식적인 통일방안은 〈민족공동체통일방안〉이다. 〈민족공동체통일방안〉은 1994년 8월 15일 당시 김영삼 대통령이 제시한 것으로, 1989년 9월 11일 노태우 정부가 제시한 〈한민족공동체통일방안〉을 계승·발전시킨 것이다.

　통일부는 2024년 '민족공동체통일방안 30주년'을 계기로 새로운 통일방안을 제시하겠다고 밝혔다. 지난 30년간 한반도 주변 정세와 남북관계는 몰라보게 달라져 있다. 그만큼 새로운 통일방안에 대한 논의는 불가피해 보인다. 이 글에서는 통일방안 논의에 앞서 필요한 고민들, 즉 ① 통일논의에서 시민사회의 역할, ② 닫혀있는 단계적 통일방안의 문제, 그리고 ③ 영토적 통일논의의 한계에 대해 질문하려 한다.

☑ 2023년 현재, 1994년으로부터 무엇이 변했는가?

 현재의 한반도는 〈민족공동체통일방안〉이 만들어진 1994년과 무척이나 다른 모습이다. 첫째, 국제정세를 보자. 동서냉전은 1980년대 후반부터 해체되기 시작했다. 소련은 붕괴되었고 동유럽사회주의는 체제전환의 길을 택했다. 당시 노태우 정부는 적극적인 북방정책을 통해 한-소, 한-중 수교를 이루어냈다. 한국은 한반도에서 새로운 변화를 주도했으며 이는 1991년 남북기본합의서의 체결로 이어졌다.

 그러나 2023년 현재의 모습은 사뭇 다르다. 미국 중심의 세계질서는 중국과 러시아로부터 위협받고 있으며, 미중갈등은 전면적으로 확대되는 모양새다. 미중갈등과 우크라이나 전쟁은 한반도에서 과거의 북방삼각연합(북-중-러)과 남방삼각연합(한-미-일)이란 냉전의 추억을 소환하는 듯하다. 다만 이러한 갈등은 전통적 안보의 영역을 넘어 4차 산업시대의 다차원적 영역으로 확대되고 있다.

 둘째, 우리는 핵을 가진 북한을 상대하고 있다. 1993년 촉발된 북핵위기는 김일성 주석의 사망과 식량난 속에 무너져가는 북한의 마지막 지푸라기처럼 보였다. 1994년 10월의 북미 제네바 합의는 어차피 붕괴될 북한을 연착륙시키기 위한 전략과 같았다.

그러나 2023년 북한은 핵무기를 보유하고 있다. 누구도 북한을 핵보유국으로 인정하지 않지만, 북한이 핵무기를 가지고 있다는 것을 부정하지 않는다. 이제 우리는 핵을 가진 북한을 상대해야 한다. 더 큰 문제는 북한이 하노이 북미회담(2019년) 결렬 이후, 미국이 아닌 핵을 통해 스스로의 안전을 보장하겠다고 선언한 점이다.

셋째, 통일은 더 이상 국민의 절대적 지지를 받는 무조건적인 목표가 아니다. 통일의 필요성에 대한 우리 국민의 지지는 지속적으로 하락해 왔다. 서울대 통일평화연구원의 2021년 통일의식조사에 따르면, '통일이 필요하다'는 응답은 44.6%, '필요치 않다'는 의견은 26%였다. 이는 2007년 같은 질문에 대해 통일이 필요하다고 응답(63.8%)한 수치에서 19.2% 낮아진 결과다.

지난 2022년 7월, 4개 여론조사기관이 실시한 전국지표조사(NBS)에 따르면, '통일이 되지 않고 현재 상태로 살아가도 된다'는 응답자가 56%로, '반드시 통일이 되어야 한다'(41%)는 응답보다 많았다. 또한, 향후 남북체제는 '자유로운 왕래가 가능한 2국가'가 52%로 가장 높았고, '통일된 단일국가'는 18%에 그쳤다. 평화공존에 대한 지지는 젊은 세대로 갈수록 더 높아지고 있다.

☑ 통일방안 논의에 앞서 필요한 고민들

연말 행사로 치러지던 '새해 소망' 조사에서 '조국통일'이 늘 1위를 차지하던 시절이 있었다. 이제 통일은 새해 소망에서 사라진지 오래다. 주변 상황도 좋지 않다. 아니 그 어느 때보다 최악의 상황이다.

이제 현실을 받아들이고 통일에 대해 이야기해 보자. 첫째, 이제 통일은 당연하지 않다. 이러한 현실을 받아들인다면 통일에 대한 사회적 논의에 더 많은 가치를 부여해야 한다. 통일은 더 이상 정치권만의 어젠다가 아니다. 통일은 남북 사회구성원 전체의 어젠다이며, 그들은 이 논의에서 분명한 역할을 공유할 권리와 책임이 있다.

'시민참여형 통일'을 강조해 온 백낙청은, 통일이 "점진적인 과정이기 때문에 일반 시민의 참여 가능성"이 그만큼 높아질 것이며, "'과정'과 '종결점'의 구분 자체가 모호한 상태에서 그 과정의 실상에 따라, 즉 사람들이 얼마나 참여해서 어떻게 해가는가에 따라 통일이라는 목표의 구체적 내용마저 바뀔 수 있는 개방적 통일"이 될 것이라 강조했다.(백낙청, 『어디가 중도이며 어째서 변혁인가』. 파주: 창비, 2009) 통일은 한반도를 살아가는 우리들의 문제인 것이다.

통일에 대한 다양한 의견이 표출되는 상황에서 통일, 그리고 북한에 대한 교육 문제를 제기하지 않을 수 없다. 현재 우리 공교육체계에서 통일과 북한교육은 정규 교과목에 포함되어 있지 않다. 북한에 대해 이해하지 않고, 통일을 논의하는 현실은 분명 개선되어야 한다.

둘째, 지금과 같이 통일환경이 악화된 상황에서 통일의 모든 과정을 방법론적으로 체계화하는 것은 비현실적이다. 변화된 환경을 반영한 통일의 원칙과 이행전략을 구상하되, 통일의 초기 단계에 초점을 맞추고 중간, 최종 단계에서 현실을 반영할 수 있도록 가능성을 열어둘 필요가 있다.

앞서 언급한 바와 같이, 최근 남북의 평화공존에 대한 국민의 지지가 높아지고 있다. 이는 현재의 한반도와 남북관계, 북한의 상황, 그리고 우리 국민의 통일에 대한 인식이 복합적으로 반영된 결과다. 결국 통일을 위한 초기 단계에서 평화공존 내지 남북연합 단계를 어떻게 실현할 것인가에 집중할 필요가 있다.

셋째, 영토적 통일의 공간적 폐쇄성을 해체해야 한다. 물리적 공간이 남북관계, 아니 국제관계를 규정하던 시대는 지났다. 남북의 문화컨텐츠가 남북 당국의 감시를 피해 국경을 넘은지 오래고 남북으로 갈라진 가족이 이동통신으로 연결된 지도 오래다. 그뿐인가? 디지털 공간에서 남북은 다양한 행위자들에 의해 이미 통일을 경험하고 있다.

통일방안의 논의에서 우리는 새로운 공간에서 진행되고 있는 통일의 다양한 실험들을 어떻게 규정할 것인가? 물론 통일은 영토적 통일에 기반할 것이다. 그러나 통일의 과정은 보이지 않는 다양한 공간에서 이미 현재진행형이다. 필자는 남북의 교류협력 공간으로 디지털 공간의 활용을 제안하고 싶다. 기술의 발전은 남북 당국이 모든 것을 통제할 수 없는 상황으로 안내할 것이다. 우리가 준비하는 통일은 이러한 변화를 포용할 수 있어야 한다.

추가적으로, 우리는 '핵을 가진 북한과 통일을 논할 수 있는가?'에 대해 답해야 한다. 이 또한 열린 토론의 주제이다. 다만, 한반도 비핵화가 통일의 과정에서 반드시 해결해야 할 과제임은 분명하다. 이는 한반도 평화체제, 나아가 동북아 평화체제를 구축하는 과정이어야 한다. 관련하여 한반도 비핵화 방안에 관한 논의는 별도의 글에서 다루도록 하겠다.

☑ 통일방안에 대한 생산적인 논의를 기대하며

현재 우리 정부의 공식적인 통일방안은 〈민족공동체통일방안〉이다. 이제 새로운 통일방안을 논의함에 있어 변화된 상황을 어떻게 인식할 것인지, 그 변화를 어떻게 반영할 것인지 먼저 고민할 필요가 있다. 통일은 우리 사회, 우리 민족에게 긍정의 어젠다이다. 통일방안의 논의가 이념과 진영논리에서 벗어나 민족의 화해와 번영을 설계하는 생산적인 논의가 될 수 있도록 준비하자.

(정일영 | 2022. 8. 1.)

* 이 기사는 오마이 뉴스(2022. 7. 30)에 공동으로 게재된 글입니다.

통일부는 무엇으로 존재하는가?

"대한민국은 통일을 지향하며, 자유민주적 기본질서에 입각한 평화적 통일정책을 수립하고 이를 추진한다."

– 「대한민국 헌법」 제4조

우리 헌법에서 민족의 통일은 국가의 책무로 규정되어 있다. 대한민국의 대통령 또한 "조국의 평화적 통일을 위한 성실한 의무"를 진다.(제66조) 하지만 이렇게 중요한 통일 과업을 책임지는 통일부는 정권교체에 따라 조직의 존폐를 걱정해 왔다.

이 글은 통일부가 '통일'을 준비하는 정부 조직으로서 그 역할을 다하고 있는지에 대해 질문한다.

☑ 통일부의 생존 투쟁과 조직의 왜곡

우리 「정부조직법」에 따르면, 통일부 장관은 "통일 및 남북대화·교류·협력에 관한 정책의 수립, 통일교육, 그 밖에 통일에 관한 사무를 관장"하도록 규정하고 있다.(「정부조직법 제31조」)「정부조직법」 에 명시되어 있듯이, 통일부의 정체성은 남북대화와 교류·협력, 그리고 통일을 준비하는데 있다.

그렇다면 통일부는 본연의 업무에 전력을 다하고 있는가? 필자의 시각에서 그 대답은 부정적이다. 통일부는 정권교체에 따라 생존 투쟁을 반복해 왔다. 특히 이명박 정부에서 추진된 통일부 폐지는 결과적으로 실패했으나, 조직은 깊은 상처를 받았다. 당시 적지 않은 관료들이 통일부를 떠나야 했으며 통일부는 본연의 업무가 아닌 생존을 위해 싸워야 했다.

그 결과 통일부의 핵심 업무는 북한이탈주민에 대한 보호와 지원 업무가 자리 잡게 되었다. 통일부의 2023년 예산안에서 일반회계 사업비(1,560억 원) 중 북한이탈주민 지원 예산(872억 원)은 약 56%에 달하고 있다. 전체 사업비 예산의 과반이 넘는 규모다.

북한이탈주민의 보호와 지원은 반드시 필요한 우리 정부의 책무이다. 그 중요성에 대해 추호도 의문을 제기하고 싶지 않다. 다만 통일부는 '통일부'여야 한다. 앞서 언급한 바와 같이 통일부의 업무는 "통일 및 남북대화·교류·협력에 관한 정책의 수립, 통일교육, 그 밖에 통일에 관한 사무"이다.

최근 여야 국회의원과 시민사회단체 주최로 개최된 학술회의에서 북한이탈주민 지원 주무 부처를 행정안전부로 이관하자는 의견이 제기되고 있다. 북한이탈주민에 대한 기본적인 지원 업무는 행정안전부로 이관하고, 남북 주민의 사회통합 프로그램과 북한이탈주민에 대한 맞춤형 지원은 통일부가 지속하는 방안을 논의할 수 있을 것이다.

☑ 북한인권 문제, 통일부 소관으로 적절한가?

윤석열 정부는 북한인권 문제 해결을 통일부의 5대 핵심 추진과제 중 하나로 제시한 바 있다. 국회의 재단 이사 추천이 지연되며 미뤄진 북한인권재단을 조기에 출범시키고 북한인권 문제 해결에 적극 나서겠다는 것이다. 윤석열 정부의 의지와는 별개로, 지금까지 남북 당국은 단 한 번도 북한인권 문제를 협상의제로 다뤄보지 못했다.

지금까지 진보 정부는 남북관계를 진전시키는 과정에서 북한인권을 소홀히 했고, 보수 정부는 북한인권 문제를 강조한 만큼 남북대화 자체를 진전시키는데 어려움을 겪어 왔다. 이제 질문해 보자. 북한인권 문제를 통일부가 다루는 것이 적절한가?

지금까지 보수와 진보를 떠나 북한인권 개선 노력은 남북대화가 아닌 국내와 국제사회를 주 무대로 진행되었다. 사정이 이렇다면 통일부가 반드시 북한인권 문제를 담당해야 하는 이유는 무엇인가?

필자는 북한인권 문제를 법무부, 혹은 국가인권위원회가 담당할 것을 제안하고 싶다. 통일부는 「북한인권법」에서 규정하고 있는 두 가지 업무 중 대북 인도적 지원 업무를 담당하고 북한 인권 문제는 법무부(혹은 국가인권위원회)로 이양하자는 것이다. 관련하여 법무부는 이미 북한인권기록센터의 자료를 보존·관리하는 역할을 담당해왔다. 국가인권위원회 또한 인권의 도구화를 지양하고 한반도의 시각에서 국제사회와 협력할 수 있는 기관이다.

☑ 통일부는 남북 간 교류·협력과 통일 준비에 전력해야

2022년 9월 6일, 권영세 통일부 장관은 "사방에서 통일 문제를 논의하고 팔방으로 이어 달리기를 해나가면서 통일정책에 대한 우리 국민들의 진솔하고 다양한 의견을 수렴하고 통일 공감대를 확산시켜 나가겠다"며 새로운 통일방안 논의를 선언했다. 이제 통일부가 본연의 책무에 전력할 수 있도록 지원해야 한다.

최근 몇 년간 통일부는 정부업무평가에서 꼴찌를 도맡아 왔다. 이얼마나 어리석은 평가인가? 통일부는 반드시 할 수 있는 일만 하는 부서가 아니며 그래서도 안된다. 통일부는 미래의 한반도를 설계하는 조직이다. 남북관계가 경색되고 한반도 위기가 지속된다 하더라도 통일부의 정체성을 훼손시키거나 헌법이 부여한 통일의 책무를 왜곡시키는 일은 없어야 한다.

통일부가 '통일'을 위한 부서이기 위해서는 남북관계의 어려움 속에서도 끊임없이 대화를 요구하고, 교류하며, 통일을 준비하는 노력을 멈추지 말아야 한다. 이와 같은 이유로 필자는 통일부가 북한이탈주민 지원 업무와 북한인권 관련 업무를 타부서로 이관하고 남북관계 발전과 통일교육, 통일 준비에 더 많은 지혜와 역량을 집중할 것을 제안한다.

통일부 업무에 관한 조정은 「북한인권법」과 「북한이탈주민의 보호 및 정착지원에 관한 법률」 등 소관 법률에 관한 개정을 필요로 한다. 통일부가 통일부 본연의 일에 집중하고, 전력을 다할 수 있도록 정부와 국회, 시민사회가 함께 지혜를 모아야 할 것이다.

(정일영 | 2022. 9. 12.)

* 이 기사는 오마이 뉴스(2022. 9. 11)에 공동으로 게재된 글입니다.

윤석열 정부는 한반도 비핵화를 포기한 것인가?

 지금 이 순간에도 북한의 핵 능력은 고도화되고, 투사 범위는 확장되고 있다. 그러나 우리 정부는 이전의 그 어떤 정부보다도 무기력하다. 윤석열 정부는 북한 핵 문제를 풀만 한 힘도, 능력도, 의지도 없는 듯하다. 이 글은 남북의 주민을 볼모로 핵 놀음에 빠져 있는 남과 북 위정자들에 대한 호소이자, 분노이다.

☑ 대북제재 레짐은 무너졌다.

 2018년 한반도에서 대화와 교류의 해빙기가 등장한 배경에는 한반도 주변 5개국, 즉 한·미·일과 중·러가 유엔 안보리의 대북 제재에 동참함으로써 강력한 대북제재 레짐을 구축하고 북미 간 비핵화 협상과 남북 대화가 상호 보완적인 역할을 형성했기 때문이다.

 그러나 현재 한반도는 2018년과 정반대의 상황에 처해 있다. 점차 격화되고 있는 미중전략경쟁과 러시아의 우크라이나 침공은 한반도 비핵화를 위한 다자협력의 공간을 축소시키고 있다. 미국을 중심으로 대중, 대러 경제제재가 강화되고 있는 상황에서 북한의 핵 도발에 공동으로 대응하기란 쉽지 않아 보인다.

북한 또한, 2019년 하노이 북미회담 결렬 이후 '정면돌파', '자력갱생'을 강조하며 남북, 북미 대화를 거부하고 있다. 결국 2018년 대북제재 레짐을 바탕으로 북미협상이 주도했던 한반도 비핵화 프로세스는 멈춰섰다. 아니 2018년의 선순환 구조가 악순환의 구조로 전환되었다.

한반도에서 대화가 실종되고 대북 제재 레짐이 무너졌다는 것은 무엇을 의미하는가? 이는 북한의 추가적인 핵 도발에 더욱 대응하기 어려워졌음을 의미한다. 최근 한미가 북한의 도발에 군사적 대응으로 응수하는 것은 그 외에 마땅한 대응 방안이 없기 때문이다. 문제는 이러한 군사행동이 반복된다면, 서해에서, 휴전선에서, 양측의 물리적 충돌 가능성 또한 높아진다는 점이다.

☑ 북한은 민족을 볼모로 한 핵 놀음을 멈춰라!

북한은 핵무기로 우리 국민을 협박하고 있다. 북한은 지난 9월 8일 최고인민회의를 통해 핵무기 사용에 관한 5대 조건을 법제화하였다.

현실주의 국제정치에서도 방어적 무기로 인식되는 핵무기를 선제타격용으로 사용할 수 있다는 선언은 한민족을 볼모로 한 협박에 가깝다.

핵무기 사용의 법제화는, 그 실효성은 둘째치더라도 한반도 비핵화뿐만 아니라 선제 핵 공격 불가에 대한 김일성 주석과 김정일 위원장의 약속을 무참히 짓밟은 폭거이다. 이는 김일성과 김정일의 유훈을 체제의 존엄으로 강조하는 북한 통치이데올로기의 관점에서도 스스로를 부정하는 행위이다.

김일성 주석은 1992년 한반도비핵화공동선언을 통해 비핵화를 약속했으며, 김정일 국방위원장 또한 북미 합의와 6자 합의를 통해 수차례 한반도 비핵화와 선제 핵 사용 불가를 공언한 바 있다. 김정은 위원장은 선대의 비핵화 약속을 스스로 파기하고 핵 보유를 선언했으며 선제 핵 사용까지 법제화한 것이다.

북한은 체제 수호를 위해 핵무장이 정당하다고 주장한다. 그러나 작금의 행태는 남과 북의 주민들을 볼모로 한반도의 평화를 스스로 위협하는 것 아니고 무엇인가?

☑ 대책없는 윤석열 정부, 전쟁이라도 하자는 것인가?

북한의 핵 놀음에 한국 정부도 부화뇌동하고 있다. 윤석열 정부의 한반도 비핵화 전략은 명확하지 않다. 아니 명시적으로 제시된 비핵화 전략은 없다해도 과언이 아니다.

윤석열 정부는 소위 '담대한 구상'을 제시하고 한미동맹을 기반으로, 남북관계와 북한 비핵화의 선순환을 강조하고 있다. 그러나 이는 명백히 '비핵화 전략'이라 할 수 없다. 비핵화에 대한 구체적인 전략 없이 남북관계와의 선순환 관계를 강조한 것 이상도, 이하도 아니다.

윤석열 정부는 최근 지속되고 있는 북한의 도발에 미사일 발사 등 군사적 대응으로 맞서고 있다. 그저 말로만 북한을 비난하던 것보다 속은 시원할 수 있다. 그러나 남북의 군사적 대응이 상호 에스컬레이팅 되는 악순환 속에서 우리는 무엇을 얻고 있나? 정말 전쟁이라도 하자는 것인가?

윤석열 정부는 비핵화와 남북관계의 '선순환'을 이야기하고 있지만, 현실은 점점 격화되고 있는 안보 경쟁의 '악순환'이다. 결과적으로 윤석열 정부의 비핵화 전략은 無전략의 전략이다. 다만 북한이 우리 국민들에게 핵으로 위협하는 만큼이나 핵은 우리 정치에서 국민을 자극하고 협박하는 도구로 활용되고 있다.

☑ 앞으로 4년을 이렇게 보낼 수 없다

윤석열 정부는 스스로 한반도 비핵화를 주도할 수 있는 공간과 시간을 허비하고 있다. 중국을 제외한 한미동맹만으로 한반도 평화를 달성할 수 있는가? 필자는 한반도 평화를 위해 미국과 중국의 협력이 필수적이라 생각한다. 최소한 두 강대국이 한국의 비핵화 노력과 대화에 반대하지 않을 때, 한반도 평화는 진전되어 왔고 앞으로도 그럴 것이다.

한반도 평화라는 명제에 미국과 중국을 묶고, 필요하다면 기존의 남북 합의를 과감하게 이행함으로써 대화의 테이블에 북한을 불러내야 한다. 미국이 북한과 합의한 관계정상화에 적극적으로 행동하고, 중국이 한반도에서 다자협상을 재건하도록 요구해야 한다.

앞으로 4년을, 대화없는 살얼음판 속에 서로를 향한 미사일을 세어가며, 핵실험 날짜를 맞춰가며 보낼 수는 없다. 이성을 잃은 남북의 군사적 대결을 더 이상 지켜볼 수만은 없다. 현재의 한반도 정세의 심각성을 인식하는 전문가, 활동가, 그리고 평화를 지키려는 국민, 한사람, 한사람이, 김대중 전 대통령이 외친 것처럼, 벽에 대고 소리라도 질러야 한다.

(정일영 | 2022. 10. 23.)

* 이 기사는 오마이 뉴스(2022. 10. 24)에 공동으로 게재된 글입니다.

윤석열 정부의 '담대한 구상', 구상이 아니라 행동이 필요하다

지난 2022년 한 해는 북한의 도발과 한미의 군사 대응으로 한반도 긴장이 어느 해보다 높았던 해로 기억된다. 윤석열 정부는 과연 극단적으로 치닫는 한반도 위기 상황을 극복하고 북한을 대화 테이블로 불러낼 수 있을까? 이 글에서는, 윤석열 정부의 대북정책이라 할 수 있는 소위 '담대한 구상'을 분석하고 그 한계와 대안을 제안해 보려 한다.

☑ 담대한 구상, 있는 그대로 보기

통일부에 따르면, '담대한 구상'은 "북한의 비핵화 조치와 우리의 경제·정치·군사적 조치의 동시적·단계적 이행을 통해 비핵·평화·번영의 한반도를 함께 만들어 나가자는 제안"이다. 한반도 비핵화와 남북관계를 선순환으로 발전시켜 한반도 평화를 이루겠다는 것이다.

윤석열 정부의 통일·대북정책은 크게 세 가지 목표를 제시하고 있다. 첫째, 북한 비핵화와 경제·정치·군사적 상응 조치를 동시적·단계적으로 이행함으로써 북핵 문제를 해결한다. 둘째, 역대 정부에서 이룬 남북 합의 정신을 존중하면서 그 성과는 이어받아 원칙 있고 실용적인 남북관계를 추진한다. 셋째, 국민과 국제사회가 함께하는 평화통일의 토대를 마련한다는 것이다.

윤석열 정부가 추진하는 통일·대북정책은 두 가지 점에서 이전의 보수 정부와 차이를 보인다. 첫 번째로, 기존의 남북 합의에 대한 관점이다. 남북 간 합의한 것은 "작은 것이라도 반드시 이행하는" 구조와 관행을 정착시키겠다는 것이다. 권영세 통일부 장관 또한 지난 5월 청문회를 통해 기존의 남북 합의를 존중할 것이며 '이어달리기'를 하겠다고 강조했다.

두 번째로, 윤석열 정부의 통일·대북정책은 이전의 보수 정부가 선(先)비핵화를 고집하거나, 대안 없이 '통일대박'을 외쳤던 것과 다른 차별성을 보인다. 정부 설명에 따르면, 담대한 구상은 "북한이 비핵화에 대한 확고한 의지만 보인다면, 초기 단계에서부터 과감하고 선제적인 조치"를 취하고 "북한 비핵화와 경제·정치·군사적 상응조치를 동시적·단계적으로 이행해 나갈 것"이라 밝히고 있다.

윤석열 정부가 남북 합의를 존중하고 한반도 비핵화 과정에서 동시적·단계적 상응 조치를 제안하는 동시에 북한의 안보 우려 해소를 위한 단계적 조치를 언급한 점은, 분명 이전의 보수 정부에서 볼 수 없었던 변화이다. 적어도 텍스트상으로는 그렇다는 것이다.

☑ '담대한' 구상, '담대하게' 이행할 의지있나

필자는 윤석열 정부의 한반도 전략에 비판적인 입장을 유지해 왔다. 그러나 무턱대고, 단지 보수 정부이기 때문에 덮어 놓고 담대한 구상을 비난할 생각은 없다. 내용 자체를 놓고 냉정하게 판단해야 문제점을 파악하고 다음 대안을 모색할 수 있기 때문이다. 솔직히 담대한 구상은, 이전의 보수 정부와 다르며 이전의 진보 정부를 일정부분 계승하겠다는 의지를 담고 있는 것으로 보인다.

필자가 분석한 결과, 문제는 담대한 구상의 내용에 있지 않다. 그렇다면 무엇이 문제인가?

첫 번째로, 남북은 서로에 대한 신뢰를 잃은 지 오래다. 남북 간 서로에 대한 신뢰 회복없이는, 아무리 좋은 대북정책이 만들어진다 해도 유명무실할 뿐, 소용이 없게 된다. 그렇다면 다시 신뢰를 회복하기 위해 어떻게 할 것인가? 남북이 신뢰를 회복하기 위한 방안은 단순하게도 '기존 남북 합의'에서 찾을 수 있다. 무엇보다 2018년 '9월 평양공동선언'과 '판문점선언 이행을 위한 군사분야 합의서'를 복원하면 된다고 나는 생각한다.

먼저, 남북은 '남북 군사분야 합의서'에서 나눴던 약속을 지킬 필요가 있다. 윤 정부 또한 한반도에서 군사훈련과 무력 대응을 중단하고 '평양공동선언'에서 합의한 대로 개성공단과 금강산을 최우선으로 재개하기 위해 노력해야 한다는 얘기다. 이 과정에서 대북제재가 한반도 비핵화에 실제 역할을 담당할 수 있도록 스냅백(조건부 이행) 조치를 강구할 필요가 있으며, 불가피하다면 국제사회의 대북 제재에서 벗어나 남북이 스스로의 합의를 이행하는 결단도 내려야 한다.

두 번째 문제는 우리에게 있다. 즉, 윤석열 정부가 이 '담대한 구상'을 실제로 이행할 의지와 능력이 있는지 의심된다. 먼저 윤석열 정부의 담대한 구상이 통일부 버전과 대통령실 버전으로 행위 주체에 따라 다른 관점에서 활용되고 있다. 보수의 포용정책을 추구하는 권영세 장관과 통일부의 관점과 달리, 대통령실과 여당의 분위기는 제재를 통한 굴복, 선(先)비핵화론에 가까워 보인다.

또한, 담대한 구상은 비핵화와 남북관계를 선순환으로 진전시키기 위해 북미관계 정상화를 반드시 선순환의 고리에 연결해야 한다. 북한은 1993년 제1차 북핵위기 이후 비핵화의 대가로 북미관계 정상화를 끊임없이 요구해 왔다. 그러나 미국은 지금까지 북미관계 정상화와 관련된 어떤 조치도 이행한 바 없다. 과연 윤석열 정부는 담대한 구상을 이행하기 위해 미국을 설득할 준비가 되어 있는가?

☑ 진심으로, '담대한 구상'이 현실화 되길 바란다.

담대한 구상은 최소한 '텍스트상으로는' 필자의 입장, 그리고 이전 정부의 대북정책과도 크게 다르지 않다. 그러나 앞서 언급한 바와 같이 윤석열 정부가 이 구상을 있는 그대로 이행할 의지와 능력이 있는지, 남북, 북미 관계를 정상화하기 위해 필요한 조치를 '담대하게' 취할 준비가 되었는지 의문이다.

윤석열 정부가 진정으로 담대한 구상이 현실화되길 바란다면, 아니 그런 의지가 있다면, 먼저 행동해야 한다.

단지 북한이 핵실험을 하면, 무력도발을 하면, 한미동맹의 강력한 힘으로 '담대하게' 대응하겠다는 것은, 필자가 이해한 담대한 구상과 달라도 한참 다르다. 먼저 한반도에서 군사훈련을 중단하자. 그리고 남북 간, 북미 간 신뢰를 회복하기 위해 먼저 행동하자. 프란치스코 교황의 방북과 중국의 건설적인 역할도 요청하자.

이것이 진정 담대한 구상이며 행동이다.

(정일영 | 2022. 12. 4.)

* 이 기사는 오마이 뉴스(2022. 12. 2)에 공동으로 게재된 글입니다.

5

타산지석, 외국사례

우리가 가진 DM은 무엇일까?

동독지역 고속도로 그리고 드레스덴

유로화 20년을 보며 생각하기

북아일랜드 벨파스트에 가다.

백두산·금강산·대×강 맥주

A lot remains to be done: 그래도 부럽다.

자유롭게 넘나드는 아시안하이웨이를 꿈꾸며

북한, 제2의 베트남 될 수 있을까?

브란덴부르크 문(Brandenburger Tor)

1989년 11월 9일 베를린 장벽이 무너지고 1990년 10월 3일 통일이 이루어지면서 장벽의 한 가운데 있던 브란덴부르크 문은 분단의 상징에서 자유와 평화, 통일의 상징으로 바뀌었다.

우리가 가진 DM은 무엇일까?

☑ 통일동력으로서 서독마르크화

 1990년 봄에 있었던 동서독간 통화·경제·사회통합을 위한 협상에서 서독측 대표를 맡았던 한스 티트마이어(Hans Tietmeyer)는 동독에서도 서독마르크화(도이치마르크, Deutsche Mark, DM)를 사용하게 되면 가장 먼저 하고 싶은 일이 무엇이냐고 동독 협상단의 한 인사에게 물었다. 대답은 뜻밖에도 헝가리에 가겠다는 것이었다. 왜 서유럽의 파리나 로마가 아닌, 공산권 시절에도 갈 수 있던 곳에 가려 하느냐고 묻자 "이제 DM을 들고 가서 일등 국민 대접을 받고 싶어서"라는 답이 돌아왔다. 동구권 국가 식당에서라도 동독마르크화를 내면 서독마르크화를 내는 서독인에 비해 대접이 썩 좋지 않아 이등 국민이라는 자괴감을 느꼈다는 이야기이다. 티트마이어가 독일의 중앙은행인 독일연방은행(분데스방크) 총재에서 퇴임한 지 얼마 지나지 않은 2000년 초, 한국에 강연 초청을 하기 위해 만난 자리에서 들은 이야기이다.

 독일 시사주간지 슈피겔의 동독지역 라이프치히 출신 기자는 분단 시절 동독에서 서독마르크화가 어떤 의미를 가지고 있었는지를 보여주는 기사를 썼다. 발췌하면 "학생시절이었던 1970~80년대에 서독마르크화는 신화적인 존재였다. 학교 친구들과 선생님들은 DM을 가지고 서독의 브랜드가 찍힌 블루진, 티셔츠, 스티커, 만년필을 살 수 있었던 그룹과 그렇지 못해 동독의 소매상에서 파는 매력없는 물건들만을 가질 수 있는 그룹으로 나뉘었다. 서독마르크화는 서독에 사는 친척들로부터 받거나 혹은 암시장에서 아주 비싼 환율로 바꾸어 손에 쥘 수 있었다. 이도 저도 안 되는 이들은 라이프치히에서 열리는 페어(fair: 견본시)를 방문한 서독인들이 주는 팁을 모으기도 했다. 5DM 동전이 얼마나 소중한 것이었는지를 서독인들은 몰랐을 것이다. 이 돈을 가지고, 원래는 외국인들에게만 개방되었다가 외화 부족으로 내국인에게도 개방되었던 외화상점 인터숍에서 커피, 향수, 서독 브랜드의 운동화, 기계 와 같은 선망하던 물건들을 살 수 있었다."

도이치마르크화는 서독인들에게는 전후 부흥의 상징이자 정체성의 하나였고, 동독 주민들에게는 동독에서 향유하지 못했던 자유와 번영을 상징하는 가시적인 대상이었다. 베를린 장벽이 붕괴된 후 동독주민들이 서독으로 대량 이주하면서 큰 문제가 되던 시기에 'DM이 (동독으로) 오지 않으면 여기 머물러 있겠지만 그렇지 않으면 우리가 (서독으로) 간다'라는 동독에서의 시위 구호는 이를 단적으로 보여준다. 동독 주민들은 이 DM을 갖기를 간절히 원했고 그것이 통화통합에 이어 통일로 가는 발판이 되었다.

통화통합으로 서독마르크를 처음으로 교환해준 1990년 7월 1일 독일 언론들은 이날을 '희망의 날', '연중에 느끼는 제야 축제의 분위기' 등의 제목을 뽑았다. 동독 주민들은 새로운 통화와 함께 모든 것이 동독 시절과는 달라지고 나아질 것이라는 희망을 가지고 있다고 전했다. DM은 그것을 가지고 있으면 '좋은 물건을 사고, 외국에서 대접을 받는다'는 돈으로서만의 의미를 넘어 서독주민과 같은 수준의 삶을 누릴 수 있을 것이라는 하나의 상징물이었던 셈이다.

☑ 우리는?

북한에서는 2009년 시행된 몰수적 화폐개혁과 이어진 높은 인플레이션으로 인해 북한원화(KPW)로 모아놓았던 저축 대부분이 사라져 버렸다. 자국 화폐에 대한 신뢰는 추락했고 미달러화나 중국위안화가 저축수단이나 주요 교환수단이 되는 외화통용현상(달러라이제이션)이 확산되었다. 이에 대응한 북한 당국의 외화 흡수정책으로 인해 북한주민들도 외화를 가지고 외화상점에 가면 북한주민들도 일반 상점에서는 살 수 없는 물건들을 살 수 있다고 한다. 한국원화(KRW)와 한국 상품이 그 자리를 차지했다면 좋겠다는 생각과 함께 정치·외교적으로 남북한 관계가 얼어붙어 있을수록 북한 주민들이 남한을 동경하게 만드는 그 무엇인가가 필요함을 절감하게 된다.

2002년 1월부터 유로화가 통용되기 시작하면서 도이치마르크화는 역사 속으로 사라졌다. 지난해 8월에 프랑크푸르트 인근에서 티트마이어 전 총재와 점심 식사를 함께 했을 때 85세 노구에도 통화통합 당시를 회고하는 그에게는 힘이 있었다. 그 연말에 부음을 들었고 독일의 모든 언론이 그를 추모했다. DM이 사라지고, 통합·통일의 주역들도 하나 둘 세상을 떠나고 있지만 아직도 독일에서 DM은 동서독 주민 모두가 자랑스럽게, 마치 향수처럼 기억하는 대상이다. 얼마 전 책을 내면서 「독일통일 과정에서 독일마르크화, 독일연방은행의 역할」이라고 길고 건조한 제목을 단 것도 통일과정에서 이 DM이 갖는 의미를 되새기고 함께 하고 싶어서였다. 우리가 가진 것 중 우리가 소중히 여기고, 북한 주민들도 동경할만한 것은 무엇일까, 아니면 지금부터라도 만들어가야 하나?

(김영찬 | 2017. 11. 15.)

동독지역 고속도로 그리고 드레스덴

지난 8월 하순 독일의 옛 동독지역 할레(Halle) 연구소에서 열린 세미나에 참석하러 가는 길에 꽤 긴 거리의 아우토반을 운전할 기회가 있었다. 프랑크푸르트에서 드레스덴을 거쳐 베를린에 갔다가 할레로 와서, 다른 루트를 통해 프랑크푸르트로 돌아왔다. 방향으로 보면 동북쪽으로 갔다가 남서쪽으로 온 것이고 이동 거리는 1,300㎞ 정도였다. 이중 대부분이 옛 동독 지역이었다. 이번에 이동하면서는 그 전과 사뭇 다른 느낌을 받았고, 또 오랜만에 들린 드레스덴의 변화한 모습은 아직도 기억에 또렷하다. 8월 초 물류포럼의 독일통일 기행을 다녀오신 분들은 당시의 기억을 떠올리실 수 있을 것이다.

☑ 동독지역 아우토반 단상

통일 후 독일 정부는 동독지역의 낙후된 교통인프라를 개선하고 동서독간의 연결망을 복원하며 유럽 최대 물류 통행로의 원활한 교통 확보를 위해 철도, 도로, 수로를 포괄하는 '독일통일 교통 프로젝트'를 수립했다. 이중 고속도로 프로젝트는 3개의 신설노선과 기존 도로의 개보수를 포함해 1,930㎞에 달하는데 현재는 거의 완료되었다. 여기에 신경 쓰느라 서독지역의 고속도로 보수가 제대로 이루어지지 않는다는 불만도 있었다.

그간 독일의 고속도로를 소개할 기회가 있을 때 '속도 무제한'의 아우토반을 경험해 보려면 동독지역을 달려보는 것이 나을 것이라고 이야기를 해 왔었다. 실제로 그간 동독지역에서 운전할 때 베를린 시내와 가까운 구간을 제외하면 꽤 속도를 내고 다녔었다. 그런데 이번에 몇 개 아우토반을 운전하면서 그렇게 자신있게 이야기하기 어렵게 되었다는 생각이 들었다. 시속 200㎞를 즐길 구간이 많지 않았다는 뜻이다.

이유 중 하나는 화물트럭이 너무 많아서, 또 하나는 도로 보수공사나 훼손구간이 심심치 않게 등장해서였다. 독일에서 화물트럭들은 상당히 얌전하게 다니기 때문에 어지간해서 방해받는다는 느낌은 받지 않는다. 그런데 많은 도로의 끝 차선이 트럭으로 연이어 있었고 틈틈이 추월을 위해 중간차선으로 나오는 차들 때문에 흐름이 늦어지곤 했다. 많은 트럭들이 폴란드나 체코의 번호판을 달고 있었다. 통일이 이루어지고 동구권과 연결되면서 동독지역 도로가 얼마나 중요한 물류망이 되었는지를 실감할 수 있었다.

또 하나는 도로 보수와 훼손 때문이었다. 대부분 새로 닦은 길일 텐데 왜 보수를 하고 훼손이 되었는지는 알 수 없었다. 독일의 보수공사 방식은 이해하기가 어렵다. 10㎞ 이상 단위로 공사하는 곳이 많은데 한쪽 방향은 막아놓고 다른 한 방향에 기존 차선 수만큼 선을 그어 운행시킨다. 당연히 차선은 매우 좁고 속도는 시속 60㎞ 정도로 제한된다. 공사 기간도 긴데다가 실제로 공사를 하는 곳은 별로 보이지 않는다. 좁은 차선으로 트럭과 섞여 몇 ㎞를 다닐 때면 정말 아찔하고 짜증이 난다. 그리고 도로 훼손 구간이다. 대부분이 콘크리트 포장인데 여기저기가 울퉁불퉁해졌으니 서행하라는 표시이다. 공사가 제대로 되지 않았거나, 화물트럭이 많이 다녀서 - 독일 고속도로는 통행료가 없지만 대형화물차는 도로에 부담을 주므로 통행료를 낸다 - , 아니면 금년 여름의 혹서 때문이었는지는 모르겠지만 몇 년째 완공이 미루어지고 있는 베를린 공항에 겹쳐서[1] 독일도 어디가 좀 헐거워졌구나 하는 느낌을 받게 된다.

그런데 정말 인상적이었던 것은 도로 중간에서 볼 수 있는 '여기가 이전에 동서독간 경계선'이었다는 표지이다. 이렇게 무심하게 지나치는 곳이 몇십년 동안이나 막혀 있었다는, 인위적인 경계에 대한 허탈감을 느끼게 되는 곳이다.

---

1 베를린으로 수도가 재이전하면서 계획된 베를린-브란덴부르크 공항은 2006년 공사를 시작해 2011년 10월에 개항 예정이었으나 지속적인 문제 발생으로 지연되다가 2020년 10월에야 운용이 시작되었다. 당초 계획한 5년의 3배 가까운 14년, 그리고 훨씬 많은 예산이 소요된 것이다.

☑ 드레스덴의 부활

　드레스덴은 반도체, 의약, 전기공학 등을 중심으로 통일 후 경제부흥이 잘 이루어진 도시로 손꼽히는 곳이다. 오랜만에 들린 드레스덴 도심 광장의 활기는 감동적이기까지 했다.

　드레스덴은 작센(영어로는 색소니) 주의 주도이고 오랜 역사를 가진 경제·문화 중심지이다. 번성했던 이 도시는 2차 대전 말기인 1944년 2월 소이탄을 포함한 영·미 공군의 궤멸적인 공습을 받아 수만 명이 죽고 도시는 폐허가 되었다. 이 폭격에 대해서는 군사적인 목적의 정당성을 두고 적잖은 비판도 있었다. 이후 동독 시절에 젬퍼 오페라, 츠빙어 궁전, 그리고 엘베 강가에 우아하게 서있는, 유럽의 발코니라 불리는 브륄의 테라스 등은 재건되었다. 그러나 도시를 상징했던 성모교회(Frauenkirche)는 복구되지 않았다. 동독 정부는 무너진 돌들을 도시 중앙 한 곳에 모아놓고 '전쟁기념물'로 전시했다. 통일 얼마 후인 1994년 초 드레스덴을 처음 들렀을 때 도시의 건물들은 잿빛으로 어두웠고 교회의 잔해인 검은 돌무더기에는 일련번호가 붙여져 보관되고 있었다.

　1994년부터 교회 재건 운동이 본격적으로 추진되었다. 독일 내에서 이를 추진하는 협회가 조직되고 민간 모금캠페인이 전개되었다. 분단 후 서독으로 본거지를 옮겨왔던 드레스덴 은행(지금은 코메르츠은행에 합병되어 사라졌다)이 모금을 주도했고 작은 돌 부스러기를 재료로 한 기념품 판매, 복권 판매 등 다양한 자금조달 방법이 동원되었다. 폭격에 가담했던 나라에서도 모금이 이루어졌다. 미국에서는 독일태생 미국인으로 노벨의학상을 받고 상금 전액을 기부한 블로벨의 주도로 '드레스덴의 친구들'이라는 비영리법인이 만들어졌다. 영국과 프랑스에서도 지원 모임이 결성되었다. 특히 황금십자가는 영국에서 모금되고 제작되었는데 공습에 참여했던 조종사의 아들이 제작에 참여했다.

높이와 규모가 큰 성모교회 재건에는 1억 8천만 유로, 2,500억여 원(2023. 4월 환율)에 달하는 막대한 자금이 투입되었다. 2005년 완공 소식을 접하면서 과연 그 정도 의미가 있는가 하는 의아심을 갖기도 했다. 그러나 무너진 돌들을 쌓아 올려 더 의미 있어진 교회와 주변 광장은 여유로웠고 주변의 복구된 건물과 엘베강의 테라스로 향하는 골목은 관광객이 꽉 들어찬 레스트랑과 카페들로 활기가 넘쳤다. 통일이 동독에 무엇을 주었는가를 느끼고 싶은 분들을 드레스덴 광장에서 그곳의 유명 맥주 라데베르거(Radeberger)를 한잔 드셔보시길 권한다.

(김영찬 | 2018. 10. 30.)

유로화 20년을 보며 생각하기

지난 1월 유로화 도입 20주년을 맞았다. 장부상 통화 기간을 거쳐 2002년 1월 1일부터 유로화 현찰(지폐와 주화)이 통용되기 시작했다. 이제 유로지역 국가에서 이웃 나라를 갈 때 같은 돈 유로화를 쓰는 것은 당연한 일이 되었고 젊은 세대들은 독일 마르크화, 프랑스 프랑화, 이탈리아 리라화를 역사로 기억하고 있을 것이다.

☑ 유로화: 경제통합사의 획기적 사건

주권을 가진 여러 나라가 단일통화를 사용하고 단일중앙은행이 이들 국가의 통화정책을 결정한다는 것은 경제통합사에서 큰 획을 긋는 일이다. '아시아에서 한·중·일, 아세안 국가들이 같은 돈을 사용한다?'라고 상상하면 그 의미가 이해될 것이다. EU 회원국 27개국 중에서 20개 나라, 3.5억 명 가까이가 유로화를 사용하고 있다. 원래 모든 EU 회원국은 유로화를 사용하는 것이 원칙이지만 덴마크는 사용하지 않는 것으로 예외를 적용받았다. 동구권 일부 회원국들은 환율·물가·금리·재정 안정 등 유로화 도입에 필요한 수렴조건을 충족하지 못해 아직 자국화를 사용하고 있다.[1] 스웨덴은 사실상 가입을 미루고 있다고 할 수 있다

독일, 프랑스, 스페인 등 자국 통화의 오랜 전통을 가진 나라들이 유로화 도입에 합의하게 된 데에는 대체로 다음 요인들이 작용한 것으로 판단된다.

첫째, 경제적인 이유다. 교역·교류가 많은 국가들 간의 환전비용과 환율변동 위험을 없애고 국가 간 가격비교를 용이하게 한다는 것이다. 이는 우리가 유럽여행을 할 때 절감하는 바이다. 2001년까지 유럽을 여행할 때는 나라가 바뀔 때마다 적지 않은 비용을 부담하며 환전을 하고 남는 잔돈은 처리 곤란한 경우가 허다했다.

둘째, 독일의 위상과 관련된 것으로 유럽의 환율제도에서 주도적인 역할을 한 독일 연방은행 및 독일마르크화에 대한 견제였다. 프랑스가 독일통일에 대한 동의 조건으로 독일이 독일마르크화를 포기하고 공동통화와 공동 중앙은행의 우산으로 들어올 것을 요구했다는 것은 거의 정설로 되어 있다. 유럽중앙은행(ECB)이 독일연방은행을 모델로 설계되었지만 ECB의 통화정책 결정에서 독일의 영향력은, 특히 재정위기를 거치면서 약화되었다고 할 수 있다.

---

1 이 글이 게재되던 2019년 2월 당시 EU 회원국은 28개국, 유로화 사용국가는 19개국이었다. 이후 영국의 탈퇴로 EU 회원국은 27개국이며, 유로화 사용국가는 2023년 크로아티아의 참여로 20개국으로 늘어났다. 영국은 EU회원국 당시에도 유로화를 사용하지 않았었다.

셋째, 미 달러화가 누리는 과도한 특권에 대한 대응이다. 유로화 논의가 본격화된 1989년부터 유로화 현금이 유통되기 시작한 2002년간 유로화 및 유럽의 경제·통화통합(EMU)에 대한 미국 경제학자들의 생각을 정리한 논문(제목: "It Can't Happen, It's a Bad Idea, It Won't Last")을 보면 미국 쪽의 불편한 심기를 읽을 수 있다. 글로벌 금융위기, 유럽 재정 위기 때에 유로화, 유로존의 붕괴를 이야기한 영미권의 시각은 이러한 바탕에서 해석할 필요가 있다. 위기가 한창이던 2011년에 독일의 메르켈 총리가 "유로화와 EMU는 유럽통합의 핵심이다. 이는 경제적인 이유뿐 아니라 정치적인 이유로도 포기할 수 없는 것이다"라는 말에서 유럽의 입장을 알 수 있다. 같은 해에 주 벨기에 EU대사관이 펴낸 「위기의 유로, 진전되는 통합」은 위기 대응과정에서 강화된 통합을 잘 대변하고 있다.

☑ 유럽의 통화통합: 오랜 노력의 산물

출범 시에 논란이 많았고 글로벌 금융위기, 유로지역 재정위기로 어려움을 겪기도 했지만 유로화는 교역, 외환보유, 자본거래 등의 측면에서 제2의 국제통화로서 확실히 자리매김했다. 브렉시트 관련 혼돈으로 EU의 동요가 운위되기도 하지만 개인적으로는 EU, 유로화가 잘 지속되어 나갈 것으로 기대한다. 현재 어려움이 있다고는 해도 '민주주의, 인권, 법치주의, 소수에 대한 보호' 등으로 대표되는 EU

가 지향하는 가치는 충분히 존중받을 내용이자, 경쟁이 독점보다 낫다는 것은 통화에서도 마찬가지라고 생각되기 때문이다.

다음으로 생각해보는 것은 유럽의 통화통합은 경제통합론의 각 단계를 밟아 온 오랜 노정의 결과물이라는 점이다. 동서독간의 통화·경제통합이 동독의 체제전환까지를 포함, 장벽 붕괴 후 불과 몇 달 만에 급속하게 이루어진 것과는 달리 유럽에서의 경제·통화통합은 오랜 기간에 걸쳐 점진적으로 이루어졌음을 알 수 있다.

전후 서유럽은 지속적인 평화를 유지한다는 목표로 통합을 추진했다. 통합의 첫 단계로 1951년, 전쟁에 필수적인 철강과 석탄의 공동관리를 목적으로「유럽철강석탄공동체(ECSC)」가 탄생했다. 1957년에는 로마조약 체결로「유럽경제공동체(EEC)」가 출범하면서 자유무역지대가 만들어졌다. 1967년에는 유럽공동체(EC)가 출범하면서 관세동맹이 완성되었고 1990년 자본자유화에 이어 1993년에는 EU가 발족하고 상품, 서비스, 자본, 노동이 자유로이 이동하는 단일시장이 출범했다. 이 때부터 국경을 넘을 때 통제가 사실상 사라졌다. 그 해 1월 필자가 독일에서 프랑스로 넘어갈 때 차단봉이 올라가 있고, 여권을 보자는 사람이 없는 국경 고속도로를 통과하면서 가진 느낌은 정말 묘했다.

이러한 실물시장의 통합과 병행해 역내국가간 환율을 안정시키고, 장기적으로는 단일통화를 도입하자는 계획이 일찍부터 수립되었다. 고정환율을 기반으로 하는 브레튼우즈 체제가 붕괴되고 자유변동환율이 일반화된 후에도 유럽 역내국간 통화의 변동 폭은 EC 스네이크

체제, 유럽통화제도(EMS)를 통해 최소한으로 제한되었다. 독일통일 직후 1992년 네덜란드의 접경도시 마스트리히트에서 도시의 이름을 딴 조약이 체결되었다. 3단계의 과정을 거쳐 유로화가 유로지역의 법정통화가 되고 ECB가 통화정책 권한을 행사하게 되었다. 유럽 차원의 통화통합은 로마조약 이후 40여년이 걸려 이루어진 것이다. 유럽의 경제·통화통합은 동서독 통화·경제통합과 함께 보다 구체적인 연구가 필요한 분야이다.

(김영찬 | 2019. 2. 3.)

북아일랜드 벨파스트에 가다.

✅ 아일랜드의 여러 모습

누구에게나 언젠가는 가봐야지 하고 마음에 담아놓은 곳들이 있을 것이다. 내게는 아일랜드와 그 수도인 더블린, 북아일랜드의 주도(州都)인 벨파스트가 그런 곳 중의 하나였다. 풍광, 음악, 영화, 그리고 뭔가 씁쓸한 역사 등이 복합적으로 작용했다. 10여 년 전 더블린에 갔을 때는 제대로 둘러볼 상황이 아니었고 벨파스트는 막연한 - 어쩌면 근거 있는 - 불안감으로 가볼 생각을 하지 못했다. 최근에 그 바람을 이루었다.

영국 서쪽에 있는 아일랜드 섬은 면적이 84,400㎢로 남한보다 작고, 인구는 700만 명으로 서울보다도 적다. 게다가 이 섬은 두 나라로 나뉘어 있다. 면적의 1/6을 차지하며 190만 명이 살고 있는 북아일랜드는 영국의 일부이다. 1921년 아일랜드가 영국의 식민지에서 벗어날 때 영국 땅으로 남았고 그것이 우리가 아는 분쟁의 씨앗이다. 나머지 인구 510만 명의 작은 나라가 아일랜드(공화국)이다.[1]

작은 섬이지만 우리가 아는 것은 적지 않다. 제임스 조이스, 오스

카 와일드, 사무엘 베게트 등 걸출한 문학가들을 배출했고, 현존하는 최고의 록 그룹 U2, 시네이드 오코너, 에냐, 길버트 오설리번, 데미안 라이스 등 독특한 위상을 갖는 가수들이 아일랜드 출신이다. 오는 12월 서울에서 공연하는 U2의 리드싱어 보노(Bono)는 스위스 다보스 포럼의 단골 연사이기도 하다. 아이리시 펍은 다양한 연령의 사람들이 맥주를 들고 라이브 음악을 듣거나 스포츠 중계를 보며 이야기를 나누는 흥겨운 공간이다. 영화「프로포즈 데이」와「원스」는 가보고 싶다는 생각이 절로 들게끔 아일랜드의 시골과 도시 풍경을 매력적으로 보여주었다.

그러나 그 이면에는 안타깝고 어두운 역사가 있다. 감자역병으로 촉발된 1845-51년의 대기근으로 100만 명이 사망하고 200만 명이 미국 등지로 이민을 떠났다. 당시 인구의 1/3이 줄어들었고 이후로도 그 수준으로 회복되지 않았다. 맥케너의 소설 '슬픈 아일랜드'에서 당시의 참상을 고스란히 느낄 수가 있다. 또한 1960~90년대에 북아일랜드는 IRA의 테러로 대표되는 어두운 시절을 보냈다.

아일랜드공화국은 1990년대 초반까지만 해도 서유럽 기준으로 가난한 나라였다. 그러나 주요 다국적 기업들의 투자를 바탕으로 1990년대 후반 10% 가까운 고성장을 기록하고 2000년대 전반에도 잠시 주춤한 시기를 제외하고는 높은 성장을 이루면서 켈틱 타이거(celtic tiger)라는 별칭을 얻기도 했다. 1999년 유로지역 출범 시부터 유로화를 도입했고 유로화를 사용하는 국가 중 유일하게 영어를 사용하는 나라이기도 하다.[2] 그러나 잘 나가던 경제는 자산버블과 함께 글로벌 금융위기, 유럽 재정위기의 직격탄을 맞으며 가라앉았다. 그 무렵 아일랜드 중앙은행 직원을 만난 적이 있는데 급여의 40%가 깎였다면서 어려운 시기이니 어쩔 수 없다는 반응이었다. 오랜 고난의 역사를 통해 위기를 극복하는 DNA가 몸에 배었다는 생각이 들었다. 2015년 이후에는 빠른 회복을 보이면서 지금 아일랜드의 1인당 소득은 10만달러가 넘으면서 세계 10위권 내의 매우 높은 수준에 올라 있다(2021년).

☑ 더블린에서 벨파스트로

아일랜드의 수도 더블린에서는 앞서 말한 문학가들의 동상과 어렵던 시절을 상기시키는 조형물들을 볼 수 있다. 그리고 트리니티 대학은 긴 낭하가 보는 사람들을 압도하는 도서관(The Long Room)과 800년경에 만들어졌다는 가장 아름다운 성경책 켈스의 서(book of kells)를 보려는 사람들로 항상 붐빈다. 시내 중심에서 멀지 않은 기네스 맥주공장은 입장료가 상당한데도 사람들을 끌어들인다. Temple bar 지구와 리피 강변의 펍들, 관광객이 밀려다니는 도심은 도시가 갖는 문화 심벌의 중요성, 그리고 이제 위기는 지나갔구나 하는

---

1 2022년 추정치. 북아일랜드는 2021년 센서스
2 지중해의 인구 50만의 작은 국가 몰타도 EU회원국으로 영어, 유로화를 사용하지만 산업입지로서의 위상은 미미하다고 할 수 있다.

것을 실감케 했다.

  벨파스트는 물리적인 거리뿐 아니라 심적으로도 멀었다. 1970년대 Boney M이 부른 '벨파스트'는 아득히 떨어진 곳이었다. 하지만 더블린에서 북아일랜드로 가는 길은 유럽의 여느 국경을 넘는 것처럼 쉬웠다. 벨파스트행 기차가 출발하는 시내 오코넬리역의 승강장은 수많은 승객들로 붐볐다. 더블린-벨파스트를 잇는 지역은 300만 명 정도가 거주하며 경제의 중심축으로 불린다. 북아일랜드로 넘어가면 바로 만나는 도시 Newry에는 높은 집값을 피해 와 거주하면서 더블린으로 출근하는 사람들이 많다고 한다. 기차는 두 시간 만에 벨파스트에 도착했다. 사용하는 돈이 유로에서 파운드로 바뀌지만 섬 전체를 아우르는 경제지역을 지향하는 정책과 EU 단일시장의 일원으로 아일랜드와 북아일랜드 간에 상품, 서비스, 돈, 사람의 움직임은 자유롭다.

  벨파스트는 19세기 초, 주요 항구로 산업혁명에서 중심적인 역할을 했다. 린넨산업의 중심지였고 당시 최대 규모의 조선소에서는 타이타닉호를 건조했다. 이후 산업구조의 변화, 특히 1960-90년대 the Troubles라고 불리는 분쟁의 시기가 겹치면서 쇠퇴의 길을 걸었다. 그러나 1998년의 평화 협정 후 투자가 이어지고 구도심이 재개발되면서 경제가 번성하고 있다고 한다. 타이타닉 박물관으로 가는 길에는 새로운 건물들이 들어서고 있었고 시청이 있는 번화한 중심가는 평화롭고 사람들로 붐볐다. 예전 어두운 뉴스를 접하며 품었던 불안감은 지난 이야기로 여겨졌다.

지금은 영국에서 가장 안전한 도시의 하나가 되었다고 하지만 벨파스트는 얼마 전까지도 어두운 이미지로 각인되어 있었다. 실제로 갈등과 충돌이 이어지던 시기에 북아일랜드에서는 폭탄테러, 암살, 충돌로 사망자가 3,000명 이상에 달했고 벨파스트는 세계에서 가장 위험한 도시 중의 하나였다고 한다. 갈등이 절정에 달했던 1970년대 초반 테러범으로 몰려 어이없이 투옥된 벨파스트 부자(父子)의 이야기를 그린 '아버지의 이름으로' 그리고 1972년 데리(Derry)시에서의 평화시위가 비극적인 유혈사태로 번진 상황을 담은 '블러디 선데이' 영화에서 당시의 상황을 답답한 가슴으로 느껴볼 수 있다.

　그리고 아직도 도시 곳곳에는 신·구교도의 거주지역을 가르는, 양측의 불필요한 충돌을 피하기 위해 설치한 이른바 평화선(peace line) 혹은 평화의 벽(peace wall)이 100개 가까이 있고[3] 일부 도로는 일몰 후 통행이 차단되기도 한다고 한다. 평화의 벽 중 한 곳으로 가면서 Uber 기사로부터 아직도 갈등이 내재하고 있음을 들을 수 있었다. 내려준 곳은 벽화가 가득한 담장으로 둘러싸인 커다란 블럭이었다. 담장은 베를린장벽 이상으로 높았고 그 위에는 쇠막대가 꽂혀 있었다. 도로 가운데는 road closed라는 문구가 적혀있는 있는 철문이 있었다. 요즘은 이 벽들이 관광지의 하나가 되었다는데 블랙택시 기사가 타고 온 승객에게 한참 설명하는 모습을 볼 수 있었다.

　이웃끼리 반목할 때가 가장 힘들다는 것을, 그리고 시간이 걸리기

---

[3] 최근에는 그 수와 길이가 상당히 줄어들었다.

는 하지만 양자가 노력하면 갈등이 봉합되어가고, 경제가 살아날 수 있음을 벨파스트는 보여주었다. 그리고 경제적으로 엮이는 것의 힘이 얼마나 큰지도 보여주고 있다. 영국이 EU에서 탈퇴하는 브렉시트에서 가장 쟁점이 되고 있는 것이 바로 북아일랜드 문제이다. 브렉시트가 현실화되면 북아일랜드는 EU 국가가 아니기 때문에 원칙적으로 물자, 사람의 교류에 통제가 이루어져야 하지만 아일랜드 섬이 한 경제권으로 엮인 상황에서 이는 큰 문제를 야기하기 때문에 교류는 지금처럼 통제없이 이어져야 한다는 데에 합의가 되었다(back-stop 조항). 다만 영국이 합의 없이 탈퇴할 경우 이 문제를 어떻게 해결할 것인가는 10월말 탈퇴가 임박한 지금도 난제로 남아 있다.[4]

(김영찬 | 2019. 10. 15.)

---

[4] 이의 해결을 위한 후속 조치 등은 대외경제정책연구원의 자료 참조(EU·영국 간 무역협력협정의 주요 내용과 시사점, 2020. 12. 31; 英-EU, 브렉시트 개정 합의, '북아일랜드' 교역장벽 완화, 2023. 3. 9).

백두산·금강산·대×강 맥주

✓ '대x강'이라는 맥주

동네에 수제 맥주집이 몇 군데 있는데 그중 한 곳에서 '대동강 페일에일'이라는 생맥주를 판다. 페일에일은 라거와 다른 방식으로 제조되는 에일 맥주의 한 종류라고 한다. 언론에서도 종종 소개된 대로 '대동강'은 북한의 맥주 브랜드이고 7가지 종류에 맛도 좋다고 알려져 있다. 영국 이코노미스트지의 한국 특파원이던 시절 다니엘 튜더(Daniel Tudor)는 "한국에는 맛있는 전통음식이 많지만 맥주는 북한에 떨어진다"라고 썼다. 그는 한국에 관해 '기적을 이룬 나라, 기쁨을 잃은 나라', '익숙한 절망, 불편한 희망', 북한에 대해서는 '조선자본주의공화국' 등 감각적인 제목의 책을 썼고 저널리스트의 글답게 날카롭고 재미있다.

그는 한국에서도 맛있는 맥주를 만들고자 맥주 회사 창업에 동참했다고 하는데 그곳에서 만드는 수제 맥주 중의 하나가 대동강으로 통용되는 '대censored강' 페일에일이다. 회사 홈페이지에서는 이 맥주를 "'한국 맥주가 북한 대동강 맥주보다 맛 없다'? 북한의 대동강 맥주보다 맛있는 대강 페일"이라고 소개하고 있다. 병 라벨이 '대x강'으로 된 연유에 대해서는 "이 맥주는 벨기에에서 생산되어 한국으로 수입형태로 들어오는데 통관 과정에서 '실제 대동강물을 사용하지 않았는데 대동강이라는 이름을 사용하면 소비자 혼란을 초래할 수 있다'는 이유로 통관이 어려워져 '동'자에 censored 라는 스티커를 붙여 통관했다"고 설명하고 있다. 이후부터는 라벨을 그렇게 인쇄했다고 한다.

☑ 통합과 함께 사라진 동독 물건들

서론이 길어진 것은 두 해 전, 통독 후 동독지역에서 생겨난 히든챔피언에 관해 연구하면서 '통독 후에도 살아남은 동독 브랜드'를 함께 살펴 본 기억 때문이다.

1990년 7월 1일, 아직 통일(10. 3일)이 이루어지기 몇 달 전이지만, 「통화·경제·사회통합」이 발효되면서 동서독은 사실상 한 나라가 되었다. 이 시기를 다룬 독일 영화에 '굿바이 레닌'이 있다. '타인의 삶'과 함께 통독 전후를 그린 명작이다. 영화로서 재미있고, 흥행에도 크게 성공했으며 당시를 생생하게 이해하는 데 교과서 같은 작품이다.

'굿바이 레닌'의 시대적 배경은 1989년 10월부터 장벽 붕괴, 통합을 거쳐 1990년 통일이 이루어질 때까지이다. 필자의 책 '독일견문록(2005)'에서 이 영화가 보여주는 당시 상황을 비교적 상세히 설명해 놓았다(지금은 절판되었지만, 다행히 교보문고에서 e-book으로 구입할 수가 있다).

통독 후 동독경제가 어려움을 겪은 주된 이유로는 동서독 마르크화의 1:1 교환과 그 후의 급격한 임금상승에 따른 가격경쟁력 약화, 주된 수출시장이었던 동구권의 붕괴, 그리고 동독주민들의 서독제품 선호가 거론된다. 이 영화에서는 동독의 상점들이 얼마나 빨리 서독의 물품으로 채워지는지, 그리고 얼마나 빨리 동독의 모든 것들이 사라져 버리는지가 실감나게 그려져 있다.

☑ 살아남은 동독제품들

그런데 통일 후 세월이 지나면서 옛 동독에서 애용되던 물건들이 다시금 많이 팔리는 경우가 생겨났다고 연구자료와 언론은 전하고 있다. 그 주요 품목은 맥주, 스파클링와인, 초콜릿, 세제 등과 같은 음식료품, 기호품이나 가사용품들이다. 아무래도 동독시절 익숙했던 데다, 품질 차이가 생각만큼 크지 않고, 여기에 Ostalgie(오스탈기)도 작용한 것으로 보고 있다. Ostalgie는 동독을 뜻하는 Ost와 향수를 뜻하는 Nostalgie의 합성어이다.

이들 중에는 동독지역뿐 아니라 서독지역에서도 자리를 잡아 독일 전역에서 상당 정도 점유율이나 인지도를 가진 제품들도 있다. 빨간 모자라는 뜻의 로트케프헨(Rotkäppchen)은 스파클링 와인 중 1

위를, 하세뢰더(Hasseröder)와 라데베르거(Radeberger)는 맥주 시장에서 10위 안팎을 점하고 있다. 할레연구소와의 공동연구차 들리던 할레(Halle) – 작곡가 헨델의 생가가 있다 – 에서는 과일을 넣은 쵸콜렛이 유명했다.

이들 제품, 그리고 이를 생산하는 기업은 시장경제에서의 치열한 경쟁에서 살아남았다는 점에서 의미가 있다. 이들은 동독지역에 생산과 고용을 유지·확대하고, 동독시절의 기억이 담긴 제품을 제공하며 서독지역 소비자들에게는 선택의 범위를 넓혀주고 있기 때문이다. 트라비라는 애칭으로 불렸던 동독의 국민차 트라반트는 좀 다른 경우이다. 2기통 엔진에 최고 시속 100㎞였던 이 차는 통독 후 얼마 지나지 않아 거리에서 보기가 힘들어졌다. 그런데 최근에는 베를린에서 트라비를 렌트하거나 가이드투어하는 상품이 성업이라는 소식이 있었다.

코로나 사태로 나라 바깥 여행은 불가능하고, 아내와 즐기던 동네 술집 순례도 주저하게 되는 요즘이다. 대신 반가운 지역의 이름이 담긴 세계맥주를 골라보는 게 소소한 낙이 되었다. 얼마 전 대×강 맥주를 사볼까 하고 여기저기를 다녀보았는데 어쩐 일인지 구할 수가 없었고 대신 백두산, 금강산이라는 이름의 맥주를 발견했다. 내년에는 세상 구경 다시 할 수 있기를, 그리고 언젠가는 대동강, 백두산, 금강산에서 그곳 맥주를 마실 수 있기를. 그때까지 포럼 회원 여러분들 모두 건강하시길.

(김영찬 | 2020. 11. 28.)

A lot remains to be done: 그래도 부럽다.

✅ 벌써 30여 년 전

 1990년 이맘때, 동서독 간에는 통합을 위한 협상이 한창이었다. 베를린 장벽 붕괴 석 달 뒤인 1990년 2월 초, 서독 콜 총리의 제안에 따라 협상이 시작되어 4월 말~5월 초에는 쟁점 사항에 대해 대체로 합의가 이루어지고 있었다. 5월 18일에 통화·경제·사회통합 조약이 조인되고 7월 1일에 발효되면서 아직 독립국가인 동독에 서독의 화폐, 경제체제, 노동법과 사회복지제도가 도입되었다. 그리고 10월 3일에 통일이 이루어졌다.

 협상, 합의, 통합, 통일로 이어지는 숨가쁜 일정은 참여자들이 잠을 잘 시간이나 있었나 싶을 정도의 강행군이었다. 그러나 당시를 회상하는 이들의 얼굴, 말과 글에는 힘들었지만 역사적 현장에 있었다는 자부심과 뿌듯함이 배어 있었다.

 '독일통일 30년을 맞으며'라는 칼럼을 쓰기는 했지만(2020. 10. 3) 코로나 사태로 2020년이 황망히 지나가면서 아쉬움이 남아 있었다. 마침 통독 30년을 정리하는 책자 기획[1]에 참여하게 되면서 독일정부의 「독일통일 연차보고서」와 경제연구소들의 30년 분석자료들을 다시 읽었다. 동서독의 다양한 인사들이 모여 만든 「독일통일 30년 위원회 보고서」(2020. 12월)와 광범위한 사회지표를 분석한 「Daten-report 2021년판」(2021. 3월)은 시각을 넓혀 주었다.

☑ 아직도 남은 일이 많다

2019년에 동독지역의 1인당 GDP는 서독지역의 69%(베를린 포함시 75%)로 수렴이 정체되고 있다. 수도 베를린을 제외하면 동독의 5개주 중에 서독에서 가장 취약한 주를 넘어선 곳도 아직 없다. 근로자 보수는 서독지역의 80% 정도이다. 라이프치히 등 몇 개 도시가 활발한 모습을 보이고 있지만 대도시권이 눈에 띠게 적다. 상장기업이나 대기업 중 동독지역에 소재한 기업은 소수에 불과하며 전반적인 기업 규모도 작다. 동서독지역이 평균적으로 수렴하는 것은 요원하며 서독의 취약지역을 목표로 하는 것이 현실적이라는 지적도 나온다.

재산에도 차이가 많다. 동독시절 사회주의의 성격상 금융자산이

---

1 2022년 말에 「미완의 독일통일: 독일통일 30년을 돌아보며」(2022. 11, 한울아카데미)로 발간되었으며 필자는 동서독지역 간 경제통합과 수렴을 포괄적으로 분석한 "동·서독의 경제통합과 수렴"을 작성했다.

나 부동산을 통해 재산을 불리기 어려웠던 데다 통일 초기에 실업률이 높았고 소득도 상대적으로 적어 재산형성이 뒤졌다. 최근의 부동산 가격 상승은 대도시가 많은 서독지역에 유리하게 작용하고, 상속으로 격차가 대물림될 것이라는 우려도 나오고 있다.

독일 전체 인구에서 동독지역의 비중은 1990년 23%에서 2019년에는 19%로 줄어들었다. 인구유출과 통일 후 상당 기간 출산율이 급락한 때문이었다. 서독지역으로 120만 명이 순유출(유출 370, 유입 250만명)되었는데 젊고 교육수준이 높은 인력의 유출이 많았다. 젊은 여성의 서독 이주나 도시 선호로 지역별로 남성초과 현상도 벌어졌다. 많은 곳이 인구밀도가 낮아지고 고령화되고 있다.

정치, 행정, 경제, 군, 언론 등 여러 분야의 고위층에 동독지역 출신이 적다는 것도 큰 쟁점 중의 하나이다. 통독 초기에야 서독의 법률이나 제도에 대한 지식, 경험부족 때문이라는 이유가 있었다. 하지만 한 세대의 시간이 흘렀음에도 동독지역에 있는 고위직에서 서독 출신이 대다수를 차지하며 동독 출신이 '제대로 대표되지 않는' 상황은 경제적 취약성에 더해 '2등 시민'이라는 불만을 야기하고 있다.

☑ 이미 이룬 것도 많다

"A lot has been achieved—a lot remains to be done'(Viel erreicht–und noch viel zu tun)은 통독 30년을 맞은 2020년 연차보고

서를 펴내면서 독일 정부가 사용한 표현이다.

서독의 70% 수준이라지만 동독지역의 1인당 GDP는 통일 당시의 3배~4배에 이른다. 동독의 일부 도시와 주는 서독의 취약지역에 버금가는 경제활력을 보여주고 있다. 세금과 사회보장금 등이 고려된 가처분소득은 85%에 달하며 서독의 취약 주를 넘어선 곳들도 있다. 동독지역의 소득수준은 같은 시기에 체제전환을 겪은 인근 동구권 국가들보다는 월등히 높고, 프랑스, 영국의 대부분 지역과 같은 수준이다.

2014년부터는 동독지역으로 이주하는 인구가 약간이나마 더 많아졌고 급락했던 출산율도 이전 수준으로 회복되었다. 생활에 대한 전반적인 만족도는 통독 당시보다 크게 높아졌고 서독과의 차이도 좁혀졌다.

베를린은 유럽에서 보기 드물게 젊고 발랄한 도시이다. 길바닥에서는 장벽이 있던 자리라는 표지를 볼 수 있고 장벽 일부를 남겨 만든 야외박물관 East Side Gallery는 관광명소가 되었다. 예전의 어두운 모습을 기억하던 사람들에게 포츠담, 드레스덴, 라이프치히의 변신은 감동적이기까지 하다. 고속도로를 달리다 마주치는 '여기가 동서독 분단선'이었다는 표지판은 인위적으로 그어진 경계선의 허망함을 느끼게 한다.

통합, 통일의 역사적인 경험을 하고 이제는 30년 보고서를 쓰며, 많은 것을 이루었지만 남은 과제를 놓고 머리를 맞대어 고민하는 그들이 부럽다. 청계천의 베를린광장, 그리고 도봉산역 평화문화진지

Tag der Deutschen Einheit
Hamburg 02.–03.10.2023

> ONCE TWO COUNTRIES AND ONE BORDER.
> NOW ONE COUNTRY AND BORDERLESS DIVERSITY.
>
> Thirty-three years ago, we celebrated German Reunification for the first time. At the celebrations in Hamburg on the 2nd and 3rd of October we'll be opening up new horizons and saluting the international spirit, diversity and progress of our unified Germany.
>
> **1990 - 2023**
> LET'S CELEBRATE: A COUNTRY, A FESTIVAL, A PARTY.

에 서 있는 장벽들이 이미 30년도 더 된 유물이라는 사실에, 남북간 교류를 언제 다시 올지 모를 추억으로 뒤돌아보아야 한다는 데 부러움은 더 커진다.

(김영찬 | 2021. 4. 30.)

자유롭게 넘나드는 아시안하이웨이를 꿈꾸며

☑ 유럽과 동북아 접경의 다른 풍경

1992년 말, 독일 프랑크푸르트에서 차를 몰고 서쪽 프랑스 방향으로 가는 길에 Paris 400㎞라는 표지판을 보았을 때, 그리고 곧이어 국경을 넘을 때의 설렘과 감동을 아직도 잊지 못한다. 운전석에서 이 정표와 국경검문소를 보는 느낌은 기차 객석에서 국경을 넘을 때와는 너무도 달랐다. 이후 유럽연합(EU)에 단일시장이 출범하고 솅겐 협정이 발효되면서 여권 보자는 일도 없어졌고, 국경통과 제한속도도 올라갔다. 나라가 바뀐다는 표지판이 약간의 긴장감을 줄 뿐이다. 고속도로가 아닌 국도를 따라 국경을 넘나들다 보면, 특히 베네룩스 국가에서는 어느 나라 도로를 지나고 있는지 모를 때도 있다.

몇 년 전 남북물류포럼의 중국 답사 여행에 동행했을 때 압록강, 두만강 건너 북한 땅을 보면서 유럽과 너무도 다른 우리의 상황에 아쉬움, 답답함이 몰려왔었다. 신의주 건너편 단둥에서는 프랑스의 스트라스부르가 두만강 인근 훈춘에서는 스위스의 바젤이 떠올랐다. 이 두 도시는 전형적인 국경도시이다. 알퐁소 도데의 '마지막 수업'의 배경 도시인 스트라스부르와 라인강 건너편 독일의 켈(Kehl)시는 같은 생활권이다. 두 도시 간에 일하러, 쇼핑하러 오가는 사람들이 하도 많아서 2017년에는 전차 노선도 개통되었다. 서울에서 강남북이 연결된 것과 다르지 않다. 바젤은 국제결제은행 BIS가 있어 금융권 사람들에게는 익숙한 이름이다. 아침이면 국경을 맞댄 프랑스, 독일에 거주하는 사람들 몇만 명이 이 도시로 출근한다. 여기에도 자동차, 기차 뿐 아니라 전차노선이 있다. 접경도시답게 바젤공항의 정식 이름은 「유로공항: 바젤, 뮐루즈(프랑스), 프라이부르크(독일)」이다.

단둥에서 신의주를 바라보면서 스트라스부르와 켈을 잇는 다리를 자유롭게 다니던 사람과 자전거, 자동차가 눈에 아른거렸다. 훈춘시 외곽 방천에 있는 북한·중국·러시아 접경 전망대에서는 스위스 바젤 시내의 라인강변에 있는 「3국 코너」를 생각했다. 기둥을 세워놓고 한 바퀴 돌면 세 나라를 거치게 만들어 놓은 곳이다. 건축가이자 도시설계가인 고 김석철교수는 암 투병 와중에도 두만강하구의 다국적도시 구상을 설파했었다. 작고하기 얼마 전 그의 열정적인 강의를 들으며 가슴 뛰던 기억이 새롭다.

☑ 아시안 하이웨이의 아쉬움

6월 초에 동해안 북쪽 고성에 있는 화진포에 다녀왔다. 1977년에 처음 갔을 때는 비포장도로로 한참을 갔었고, 이번은 두 번째 가본

후 10여 년 만이었는데 도로도 쾌적하고 차도 많지 않아서 운전하기에는 아주 좋은 길이었다. 거기서 얼마를 더 가면 있는 통일전망대에도 들렀다. 그 길이 7번 국도이자 아시안하이웨이 6번(AH6) 도로로 부산에서 출발해 나선지구의 선봉을 지나 러시아 하산, 블라디보스톡을 거쳐 모스크바까지 이어지는 길이다. 도로표지판에는 한국·러시아(하산)·중국·카자흐스탄·러시아라고 쓰여 있지만 통일전망대에서 더 이상 올라가지는 못한다.

유럽은 나라 간 도로 연결이 일상적이어서 주요 간선망은 E-road 시스템에 의해 관리된다. 이들 도로에는 A10·E45와 같이 각국의 도로 번호와 E-로드 번호가 병기되어 있다. AH6·⑦과 마찬가지이지만 우리와 차이는 그들은 막힘없이 넘나든다는 것이다.

왜 우리는 유럽에 여행 가서는 국경을 넘나드는 것을 자연스레 여기면서 우리나라에서는 북쪽이 막혀 있는 것을 당연시할까. 남북이 분단되면서, 전에는 대륙과 육로로 이동했다는 사실조차 잊고 사는 것이 아닌가 하는 안타까움이 일 때가 있다.

한반도를 통과하는 또 다른 아시안하이웨이인 AH1번 표지판에는 이 도로가 일본·한국·중국·일본·터키로 이어진다고 알리고 있다. 그런데 AH1, AH6에는 나라 이름만 쓰여 있어서, 가까운 도시가 어디이며 이 길로 몇 km를 가면 그곳에 도착할 수 있으리라는 현실감은 떨어진다.

아시안하이웨이를 통해 모스크바와 이스탄불로 가는 일생의 경험을 하는 것도 중요하다. 하지만 일상에서 일하러, 장보러, 그냥 구경

하러 오갈 수 있는 그런 길이 되기를 바란다. 마음의 장벽을 허물고, 서로 간의 협력을 구하며, 경제권을 활성화하는 데 길을 연결하는 만큼 중요한 것은 없다고 생각한다. 파주에서 개성을 거쳐 신의주에서 단둥으로, 속초에서 원산을 거쳐 선봉에서 하산으로, 다른 나라에 가는 것이 아니라 그냥 그 도시에 간다는 생각으로 다닐 수 있는 날이 오기를 꿈꾼다.

(김영찬 | 2021. 6. 21.)

북한, 제2의 베트남 될 수 있을까?

2022년 5월 21일 진행된 한·미 정상회담은 한·미 동맹의 성격이 포괄적 전략 동맹으로 변화하고 있음을 보여줬다. 기존 동맹이 한미상호방위조약에 기초해 안보 목적에 치중한 군사 동맹이었다고 한다면, 이제는 경제적 파트너 역할을 뛰어넘어 첨단산업 기술 협력과 공급망 관리 등을 포함하는 군사·경제·기술 동맹으로 확장하고 있다. 반도체·배터리·인공지능(AI)·바이오·로봇 등 핵심분야를 포함해 공급망·에너지·우주 분야에서도 협력을 강화하는 글로벌 동맹으로 격상되고 있는 것이다.

미·중 기술 패권 경쟁이 심화하는 상황에서 미국은 중국을 견제하고 미국 중심의 공급망 체계를 강화하는 역할에 한국이 앞장서줄 것을 기대하고 있다. 한·미 정상회담 직후 출범한 인도·태평양 경제프레임워크(IPEF)는 중국이 주도하는 역내포괄적경제동반자협정(RCEP·알셉)에 대응해 인도·태평양 지역에서 중국의 경제적 영향력 확대를 억제하기 위한 경제협의체다. 미국이 주도하고 한국·일본·호주·뉴질랜드·인도와 아세안 7개국 등 모두 13개국이 참여하는데, 이들 국가의 국내총생산(GDP)을 합치면 전세계의 40%에 해당한다.

☑ 지정학적 충돌과 경제안보 위협 증대

이렇듯 양 진영이 대립하는 지정학적 충돌 국면에서 '경제안보' 위협이 부각되고 있다. 우크라이나 사태로 식량과 에너지 공급이 불안해지면서 가격이 급등하고 주요 생산국들이 수출을 제한해 품귀 현상이 발생하기도 했다. 지난해엔 미·중 전략경쟁 국면에서 호주가 쿼드(Quad) 협의체에 가입하자 중국이 호주산 석탄 수입을 금지하는 보복 조치를 단행했고, 이로 인해 석탄 부족 사태가 벌어지면서 한국에선 요소수 대란이 발생하기도 했다.

이와 같이 복잡한 지정학적 갈등과 경제안보 위협이 고조되는 상황에서 북한을 어떻게 상대해야 할까? 2021년 7월 미국 외교전문지인 〈포린어페어스〉에 흥미로운 기고문이 실렸다. 북한을 경제적으로 포용해 궁극적으로 한·미 동맹에 편입하자는 파격적인 구상을 빈센트 브룩스 전 주한미군 사령관이 내놓은 것이다. 북한도 변하고 있으므로 한·미 대북정책도 바꾸어야 하며, 북한 경제 활성화를 지원해 중국에 대한 의존도를 줄이자는 것이다. 북한 지하자원 개발에 한국과 미국이 공동 투자하는 방안도 생각해볼 수 있다. 이러한 구상이 실현된다면 한국은 첨단기술 분야에서 협력하고, 북한은 중국을 대체하는 생산기지로 기능함으로써 중국에 대한 미국 공급망 분리정책의 실효성을 제고할 수 있다.

☑ 중국을 대체하는 새로운 공급망 모색

북한을 제2의 베트남과 같이 만들자는 이러한 정책을 과연 미국이 채택할 수 있을까? 과거 70년 동안 한반도는 기존의 냉전적 대립구도를 벗어나지 못했는데 이 구상이 실현된다면 동북아 지정학의 대전환을 가져올 수 있다. 1970년대 미국은 소련과의 대결에 집중하기 위해 중국과 데탕트(긴장완화)를 추진했다. 1990년대에는 중국 경제의 독주를 견제하기 위해 베트남을 활용했다. 베트남은 미국과 관계를 정상화하고 개혁·개방을 추진하면서 외자를 유치하고 친서방국가로 전환했다.

한국전쟁 후 약 70년이 돼가는 시점에서 다음 차례는 북·미 관계 개선이 될 수 있다. 동북아시아에서 대만 충돌 위협 등 다양한 지정학적 갈등이 고조되는 가운데, 미국이 원하는 주한미군의 전략적 유연성을 확보하기 위해서라도 북한과의 관계 개선을 통해 한반도에서 긴장을 낮출 필요가 있다. 북한을 한·미 동맹 쪽으로 끌어당길 수 있다면, 미·중 전략경쟁에 대응하는 미국 입장에서 또 다른 방식의

'디바이드 앤 룰(Divide&Rule·분할 지배)' 전략으로 활용 가능할 것이다.

(민경태 | 2022. 6. 4.)

* 본 칼럼은 2022년 6월 10일(금) 농민신문에 게재된 내용입니다.

편집후기

'글은 저자가 쓰지만 책은 편집자가 만든다.'

 (사)남북물류포럼(회장 김영윤)은 내년이면 창립 20주년을 맞는다. 그동안 물류포럼의 플랫폼에서 학술세미나, 연구용역 수행, 전문가 칼럼, 그리고 해외 답사에 이르기까지 다양한 활동들이 펼쳐져 왔다. 그 중에 칼럼은 자화자찬 같지만 상당한 인기를 누려왔다. 이유인즉, 이들 칼럼은 우선 다양한 전공의 칼럼니스트들에 의해 시의적절하고, 실현가능한 정책 대안을 제시해왔기 때문이다.

 이번 칼럼집을 내기까지 우여곡절이 많았다. 대상 칼럼을 어떻게 선정하느냐, 선뜻 나서는 출판사가 있을까, 주제별 안배, 필자당 안배를 어떻게 할 것인가 등.

'칼럼은 생선회와 같다.'
 칼럼집 역시 시의성이 있어야 한다는 원칙 하에 지난 3년 간 게재된 것 중에서 골랐다. 주제별 안배, 필자당 안배를 하여 마침내 볼 만

한 칼럼집으로 탄생했다.

책이 나오기까지 감사 인사를 드려야 할 분들이 많다. 귀한 원고를 주신 필자님들, 선두에서 견인해준 김영윤 회장님과 권은민 박사님께 감사드립니다.

그리고 상업성이 불투명한데도 선뜻 출판을 맡아주신 도서출판 은누리 이수남 대표님, 편집 과정에 수 차례 변경 요청에도 성실히 임해준 김정란 부장님(연문출판)께도 감사 인사를 드립니다.

끝으로 경색된 남북 관계가 획기적으로 전환되어, 남북 경협이 재개되는 날을 고대하는 바이다.

'가까운 미래 평양', 그 미래를 믿고 준비하는 분들에게 이 칼럼집이 작지만 선명한 빛의 등대가 되기를 바라마지 않는다.

2023. 4.

편집진을 대표하여
박 하 올림

필진 소개 (가나다 순)

권은민 북한대학원대학교 교수
변호사, 북한학 박사
북한법을 연구하면서 통일한국의 법제도를 구상하는 연구자
통일부, 법무부 등 정부기관에서 북한법 자문위원으로 활동하고 있으며,
대한 변협에서 통일문제연구위원회 위원장을 맡고 있음.
저서 「북한을 보는 새로운 시선」 박영사, 2022 외

김영윤 사)남북물류포럼 회장
독일 브레멘대학교 정치경제학 박사
전 통일연구원 통일정책연구실장
남북한을 이어 유라시아 물류길을 열고 싶어 안달이 난 사람
저서 「통일한국의 경제체제」 외 다수

김영찬 인천대학교 통일통합연구원 객원연구위원
국제지역학박사. 전 한국은행 프랑크푸르트사무소장.
통독 직전 후, 유로화 도입, 유럽 재정위기 시에 독일에서 연구, 근무.
대외경제정책연구원(KIEP) 초청연구위원을 역임했다.

저서 『독일견문록』(2005), 『독일통일과정에서 독일마르크화, 독일연방은행의 역할』(2017), 『미완의 독일통일』(공저, 2022) 등

민경태 **국립통일교육원 교수**
북한대학원대학교 겸임교수, 대통령직속 정책기획위원회 위원, 북방경제협력위원회 국제관계 전문위원.
북한경제 및 개발협력 분야를 담당하고 있다.
저서   『서울 평양 메가시티』(2014)
　　　『서울 평양 스마트시티』(2018) 외

박용석 **한국건설산업연구원 선임연구위원 (경제학박사)**
인프라정책, 건설제도, 건설수요, 북한 건설 등에 관한 연구자
연구논문 『북한 경제 및 건설시장에 관한 기초연구』, 2012.
　　　　　『북한 경제특구 개발동향 및 시사점』, 2014.
　　　　　『북한 건설산업의 주요 법제에 관한 연구』, 2020 외 다수

필진 소개 (가나다 순)

박원호 하우eng 부사장, 기술사, 시인(필명 박하)
빼어난 자연에 감동하기 보다 빼어난 인공에 감동하는 건설엔지니어 시인
저서 『북한의 도시를 미리 가봅니다』 가람기획, 2017.
　　　『평양의 변신, 평등의 도시에서 욕망의 도시로』 은누리, 2019.
　　　『피양 풍류』 은누리, 2023 외 다수

윤인주 한국해양수산개발원 연구위원
북한 연구의 사각지대를 하나씩 파헤쳐가는 개척형 연구자
저서 및 공저서
　　　『한반도 스케치北』 책마루, 2021
　　　『북한개발협력과 지속가능발전목표』 오름, 2020
　　　『북한의 변화와 한반도 미래』 한반도데스크, 2017
　　　『북한의 사유화 현상』 한국학술정보, 2015 외 다수

정일영　서강대 사회과학연구소 연구교수

성균관대학교 정치학 박사
IBK기업은행 경제연구소 북한경제연구센터 연구위원(전)
성균관대학교 동아시아학술원 선임연구원(전)
분단을 넘어 상생과 조화로운 통일을 꿈꾸는 독립연구자

저서　『평양오디세이』 민속원, 2022
　　　『한반도 스케치北』 한반도데스크, 2021
　　　『북조선 일상다반사』 선인, 2021 외 다수

가까운 미래 평양

(사)남북물류포럼 칼럼집

발행일 2023. 4. 28
지은이 권은민·김영윤·김영찬·민경태
　　　　 박용석·박원호·윤인주·정일영
펴낸이 이수남
편　집 연문씨앤피 김정란
발행처 도서출판 은누리
주　소 부산광역시 해운대구 센텀2로 20
　　　　 센텀타워메디컬 1302호
전　화 051) 927-1460
팩　스 051) 0504-150-1460
등　록 2020년 10월 6일(제2020-000039호)
ISBN 979-11-982707-2-6 03070

이 책은 저작권법에 따라 보호받는 저작물이므로 무단 전재와 무단
복제를 금지합니다.
이 책 내용의 전부 또는 일부를 사용하려면 반드시 저작권자에게
서면동의를 받아야 합니다.